# RET-JEZELF

*Voor Irene*

# RET-jezelf

Verstandig omgaan met problemen

**Jan Verhulst**

Pearson

Eerste druk 1992, tweede druk 1994
Derde herziene druk 1996
Vierde druk 1998, vijfde druk 2000, zesde druk 2002, zevende druk 2003
Achtste licht herziene druk 2005
Negende herziene druk 2009
Tiende druk 2012, tweede oplage 2017



Ontwerp omslag en binnenwerk: Rob Molthoff, Broek op Langedijk
Omslagfoto: Hollandse Hoogte
Illustraties: Edith Buenen, Vught



ISBN 978 90 265 2253 6
NUR 777

# Ten geleide

*Dr. Albert Ellis*

Dr. Jan Verhulst heeft een duidelijk, makkelijk te begrijpen en goed bruikbaar boek geschreven over de manier waarop je de principes van de Rationeel-Emotieve Therapie (RET) kunt gebruiken om zelf je problemen op te lossen. Hij zet op een eenvoudige manier het A-B-C van de RET uiteen en laat zien hoe emotionele problemen ontstaan: mensen raken in de problemen door de manier waarop ze tegen zichzelf en de wereld om hen heen aankijken. Hij maakt duidelijk dat denken en voelen heel nauw met elkaar samenhangen en elkaar beïnvloeden.
De RET wordt sinds 1955 toegepast door ontelbare cliënten en lezers, en is een nuttig middel gebleken om angsten, fobieën, depressies, relationele problemen enzovoort, onder controle te krijgen. Dit boek kan heel nuttig zijn voor de lezer die zich de moeite getroost het zorgvuldig te lezen en die op een serieuze manier de principes van de RET in de praktijk wil brengen.
Ik ben erg blij dat dit boek over de aanpak van problemen

met mijn RET (REBT)-therapie via dr. Verhulst zijn weg nog steeds weet te vinden naar vele lezers, zelfs tien jaar na de eerste verschijning. Je vindt hier voorbeelden van problemen die over de hele wereld in het dagelijks leven voorkomen. Zoals dr. Verhulst aangeeft, worden veel van deze problemen veroorzaakt door een irrationele manier van denken. In veel gevallen biedt juist een rationele denkwijze de oplossing. Dus lees dit boek en blijf de principes van RET toepassen. Je zult tot de conclusie komen dat het een goed hulpmiddel is om lastige situaties aan te pakken!

*Zomer 2005*

*Albert Ellis, Ph.D., President Albert Ellis Institute New York City,*

*Het Albert Ellis Institute wordt sinds het overlijden van Ellis in 2007 geleid door Bob O'Connell, rechts naast de auteur*

(© FOTO: IRENE HELDENS)

# Inhoud

# Woord vooraf

Dit boek *RET-jezelf* is het volledig herziene derde deel van de Nederlandse serie over de RET, de Rationeel-Emotieve Therapie van Albert Ellis. Eerder verschenen zijn: *Gezond verstand als therapie* (primair bedoeld voor hulpverleners en opleidingen tot hulpverlener) en *Rationeel Emotief Management (REM)*, dat zich vooral richt op leidinggevenden in alle sectoren (bedrijfsleven, overheid en gezondheidszorg).
Dit boek is, zoals dat tegenwoordig heet, een 'zelfhulpboek'. Het is bedoeld voor iedereen die op zoek is naar een eenvoudige methode waarmee hij zijn problemen het hoofd kan bieden, dan wel hanteerbaar kan maken.
Dit RET-boek is geen toverboek. Het heeft niet de pretentie een oplossing te kunnen bieden voor *alle* soorten van problemen. Zo'n boek (of zo'n methode) bestaat eenvoudigweg niet, daarvoor zijn mensen en hun problemen te complex. Dat neemt echter niet weg dat dit boek inzicht kan geven in de wijze waarop veel problemen ontstaan: door onze manier van denken. Evenals in de beide andere boeken luidt ook in dit boek het motto: 'Het zijn niet de dingen zelf die de mensen bang maken of in problemen brengen, maar de manier waarop mensen de dingen bekijken.' Dat betekent dat we een heleboel problemen kunnen oplossen (of draaglijk kunnen maken) door onze manier van denken daarover te veranderen. En dat is dan ook de kern van de RET: gezond relativeren. We zijn tenslotte allemaal maar mensen, met alle beperkingen van dien.

In het eerste deel wordt de theorie van de RET op een beknopte en eenvoudige manier uiteengezet. De lezer maakt in dat deel onder andere kennis met het A-B-C van de RET en met de twaalf meest voorkomende irrationele ideeën waarmee mensen zichzelf in de problemen brengen.
Het tweede deel gaat over het oplossen, dan wel hanteerbaar maken van problemen. We hebben daarbij een keuze gemaakt uit enkele veel voorkomende problemen van het dagelijks leven: angsten, fobieën, depressies en zaken als rouw en verslavingen komen in dit deel uitgebreid aan de orde. Ook allerlei relationele problemen (waaronder seksuele problemen en onderwerpen als verlegenheid en jaloezie) worden uitgebreid belicht.
Deel drie, ten slotte, bestaat voornamelijk uit een zelfonderzoek door middel van de RET-test©. Deze test geeft inzicht in je manier van denken. Je kunt ermee nagaan of, en zo ja, in welke mate je rationeel, dan wel irrationeel denkt, en meer specifiek op welk gebied: je zelfbeeld, je beeld van anderen, je faalangst, je behoefte aan goedkeuring enzovoort.
Dit zelfhulpboek is, zoals gezegd, bedoeld voor iedereen die op een zelfstandige en serieuze manier een oplossing wil zoeken voor zijn problemen. Het lezen van dit boek is één ding. Daarna komt het oefenen in geduld en volharding. Je zult zien dat beide kenmerken zullen bijdragen tot een prettigere en meer ontspannen manier van leven.
In deze tiende druk treft de lezer inhoudelijk geen veranderingen aan, wel een toevoeging in de vorm van een nawoord. In dit nawoord leg ik een verband tussen de RET en de analytische vorm van meditatie. Het is mijn stellige overtuiging dat de lezer die zich diepgaander wil bekwamen in het toepassen van de technieken van de RET, daarmee een zeer waardevol middel wordt aangereikt.

Eindhoven, april 2012
Jan Verhulst

# Deel 1
# De theorie van de RET

**'RET' staat voor Rationeel-Emotieve Therapie.** Dat is een vorm van therapie waarbij zowel het verstand als het gevoel een belangrijke rol spelen. Dat is toch logisch, zou je zo zeggen, want iedereen heeft nu eenmaal gedachten en gevoelens. Klopt. Maar toch is het niet zo dat elke vorm van therapie evenveel aandacht besteedt aan de onderlinge relatie tussen gedachten en gevoelens. Zo staat bij de klassieke gedragstherapie van de Amerikaan Burrhus F. Skinner (1904-1991), zoals het woord gedragstherapie al zegt, vooral het uiterlijke gedrag van een persoon centraal. Bij de psychoanalyse (ontwikkeld door Sigmund Freud, 1856-1939) wordt vooral gelet op allerlei jeugdervaringen en onbewuste wensen en conflicten. En de Amerikaanse psycholoog Carl Rogers (1902-1987) probeerde zijn cliënten vooral 'dicht bij hun gevoel' te brengen. Dit zijn slechts enkele voorbeelden van therapieën, want er zijn er letterlijk honderden, elk met een eigen accent. Al die verschillende vormen van therapieën en theorieën hebben ongetwijfeld hun waarde. Nadeel is vaak echter dat ze zich beperken tot één zienswijze en één bepaalde aanpak van problemen. Een integratie van de verschillende therapieën en theorieën lijkt veel zinniger te zijn. Vandaar dat door de tekst heen soms verwijzingen naar andere zienswijzen voorkomen.

Het is begrijpelijk dat iemand, die op wat voor manier dan ook in de problemen is geraakt, in therapieland door de bomen het bos niet meer ziet. De ene therapie (en therapeut) belooft een nog snellere en meer wezenlijke 'genezing' dan de andere, waarbij hij vaak een taal spreekt die voor een leek niet te volgen is. In de no-nonsense tijd waarin we nu leven, hebben mensen vooral behoefte aan duidelijkheid, aan concrete handvatten om iets aan hun leven en de problemen daarin te doen. Ik denk dat dat dan ook de reden is waarom de RET tegenwoordig meer en meer mensen aanspreekt. De RET biedt deze handvatten namelijk door op een heldere en overzichtelijke wijze uit te leggen hoe problemen ontstaan en hoe ze kunnen worden opgelost. De kern van de theorie van de RET wordt gevormd door het uitgangspunt dat wij mensen voor een heel groot deel *zelf* bepalen hoe zwaar onze problemen wegen. Volgens de RET worden onze gevoelens voor een groot deel bepaald door onze manier van denken. Willen we dus iets aan onze (onplezierige) gevoelens van angst, verdriet, verlegenheid, onrust en depressie veranderen, dan kunnen we het beste onze manier van denken veranderen.

## Albert Ellis

De grondlegger van de RET is Albert Ellis, geboren in 1913 en overleden in 2007. Wie Ellis ontmoette, werd meteen getroffen door de ver doorgevoerde efficiency van zijn gedrag: hij reisde met een minimum aan bagage de wereld rond omdat, zoals hij zelf zei: 'Meer dan het hoogst noodzakelijke toch alleen maar ballast is.' In zijn onafscheidelijke koffertje bevonden zich dan ook alleen maar een pen, papier en wat medicamenten. Veel kleding had hij niet bij zich, hij liet deze zoveel mogelijke 's nachts in zijn hotel reinigen.
Als Ellis sprak over problemen, dan wist hij heel goed waarover hij het had. Jarenlang heeft hij bijvoorbeeld tegen zijn verlegenheid, faalangst en spreekangst moeten opboksen. Letterlijk meer dan honderd pogingen heeft hij moeten wagen om eindelijk eens een keer met een meisje uit te kunnen gaan; hij was, zoals hij zelf zegt, niet moeders mooiste en hij wist totaal niet hoe hij met meisjes moest omgaan. Dergelijke ervaringen hebben hem overigens goed doen beseffen dat voor elke verandering een flinke dosis doorzettingsvermogen nodig is. Doorzettingsvermogen vormt dan ook een heel belangrijk aspect van de RET, een *doe- en oefen*-therapie bij uitstek.

Ellis was aanvankelijk opgeleid tot psychoanalyticus. Na enkele jaren praktijkervaring als psychotherapeut bleek hij zich echter steeds minder te kunnen vinden in deze weinig inzichtelijke, tijdrovende en omslachtige manier van behandelen. Hij ging daarom, net als bijvoorbeeld Carl Rogers, op zoek naar een behandelmethode die veel minder tijd kostte en die bovendien heel eenvoudig aan de cliënt was uit te leggen. Het resultaat van dit alles is de Rationeel-Emotieve Therapie (RET) geworden, een van de meest toegepaste en populaire therapieën in Amerika en Europa.

## Het A-B-C van de RET

*'Het zijn niet de problemen* zelf *die 't ons zo moeilijk maken, maar de manier waarop we tegen deze problemen aankijken.'* (naar de Griekse wijsgeer Epictetus)

Volgens Ellis ontstaan problemen vooral door de manier waarop we aankijken tegen de gebeurtenissen die ons overkomen. Laten we ter illustratie enkele voorbeelden nemen uit het leven van alleman.

***1e voorbeeld***

*Je bent vreselijk verliefd op iemand. Je durft er eigenlijk niet op te hopen, maar het gebeurt toch: je verliefdheid wordt beantwoord. Maanden van opperste gelukzaligheid volgen. Maar dan opeens is het over. De ander maakt een einde aan de relatie omdat er plotsklaps een andere ster aan het firmament is verschenen. Dat had je nooit verwacht, het leek allemaal zo goed te gaan. Je partner leek de relatie ook heel serieus te nemen. Dit soort dingen gebeuren elke dag en kunnen iedereen overkomen. 'Shit happens', zou Ellis zeggen.*

***2^e^ voorbeeld***

*Je denkt je leven prima voor elkaar te hebben: je hebt een huis, een goede baan, een leuke vrouw en twee gezonde kinderen. En dan komt er opeens een kredietcrisis aan, die qua omvang doet denken aan de grote beurskrach van 1929. Weg zekerheden: je verliest je baan, je kan de hypotheek niet meer betalen en voordat je het weet, staat je huis tegen een bodemprijs te koop. En wordt vervolgens ook nog eens door niemand gekocht.*

***3^e^ voorbeeld***

*Je bent een fanatiek sporter. Niets is leuker voor jou dan driemaal per week de tien kilometer lopen. Je voelt je daarna sterk en opgewekt. Je zou niet weten hoe je leven er uit zou moeten zien zonder de sport. Maar dan slaat het noodlot toe: tijdens een routinecontrole bij de sportarts blijkt er iets mis te zijn met je hart. Op dit niveau sporten kan levensbedreigend worden. Je krijgt het advies acuut te stoppen met hardlopen.*

Tja, wat doe je in dergelijke gevallen? Wat *denk* je allemaal? En hoe *voel* je je daarbij? Er zijn verschillende mogelijkheden. We zetten er per voorbeeld, hier enkele op een rij.

***1^e^ voorbeeld***

*Je* denkt *dat je door je ex-partner op een vreselijke manier voor de gek bent gehouden. Hij of zij heeft al die tijd een laf spelletje met je gespeeld, je aan het lijntje gehouden. Hoe heb je je zo in die leugenachtige figuur kunnen vergissen? Je bent niet alleen woedend, je voelt je bovendien totaal machteloos.*

- *Je* denkt *dat het je eigen schuld is dat het allemaal zo is gelopen. Het was tenslotte ook te mooi om waar te zijn. Je vindt dat je in alle opzichten tekort geschoten bent. Je was te weinig at-*

*tent, niet aantrekkelijk genoeg en je sociale status liet ook te wensen over. Je staat er dan ook eigenlijk helemaal niet van te kijken dat het zo is afgelopen: je bent altijd al een minkukel geweest. Je* voelt *je daardoor depressief. Je schaamt je voor jezelf, je durft je voorlopig niet aan anderen te laten zien. Wat een afgang!*

- *Je* denkt *dat het leven voor jou verder geen zin heeft. Zonder die ander is alles leeg en zinloos en je bent ervan overtuigd dat dat voortaan ook zo zal blijven. Je* voelt *je hopeloos eenzaam, hier is geen redding meer mogelijk. De angst in een onmetelijk diep gat te vallen wordt steeds heviger. Je overweegt hoe je op de minst pijnlijke manier een einde aan je leven kunt maken.*
- *Je* denkt *voortdurend aan hoe die twee nu in elkaars armen liggen: je ziet het helemaal voor je hoe ze samen al die intieme dingen doen die jullie altijd samen deden. Je wordt verteerd door* gevoelens *van afgunst en jaloezie.*
- *Je* denkt *dat dit inderdaad een erg onverwachte klap is. Maar je denkt ook dat je deze klap koste wat kost te boven zult komen: zolang er leven is, is er hoop. Je* voelt *je weliswaar uit het veld geslagen, maar tegelijkertijd ook vol zelfvertrouwen en hoopvol. Je weet dat je er bovenop zult komen.*

Dit zijn slechts enkele mogelijke reacties wanneer je door je partner wordt afgewezen. Waar het om gaat, is je duidelijk te maken hoe een bepaalde manier van denken tot een bepaald gevoel leidt.

***2e voorbeeld***

*Je* denkt *dat je door het bedrijf waar je tot voor kort werkte, vreselijk voor de gek bent gehouden. De directie had natuurlijk allang in de gaten dat al die narigheid er zat aan te komen en ze zijn alleen maar bezig geweest om hun eigen hachje te redden. Asociale graaiers zijn het, meer niet. Je* voelt *je woedend.*

- *Je* denkt *dat je deze klap niet meer te boven zult komen. Heel je toekomstperspectief is in elkaar gezakt, al je dromen zijn vervlogen. Je hebt geen idee hoe je voor je gezin moet gaan zorgen. Je voelt je hopeloos en machteloos.*

- *Je* denkt *dat je vreselijk tekort bent geschoten. Hoe heb je zo stom en naïef kunnen zijn door te denken dat je alles in kannen en kruiken had? Voor jou is deze tegenslag het definitieve bewijs dat je een echte loser bent. Je* voelt *je ontzettend terneergeslagen en down.*
- *Je* denkt (weet) *dat het een enorme klus gaat worden om alle zaken weer op orde te krijgen. Je realiseert dat je dat het leven soms grote tegenslagen kan brengen – die blijven vrijwel niemand bespaard. Dus ook jou niet. Je besluit er met volle kracht weer tegenaan te gaan. Je* voelt *je ongebroken, krachtig en zelfs optimistisch.*

Veel mensen hebben in de afgelopen tijd te maken gekregen met een jobstijding wat hun werk betreft. De één werd daar meer door geraakt dan de ander. Ook in dit voorbeeld zie je hoe een bepaalde manier van denken, bepaalde gevoelens kan oproepen.

***3e voorbeeld***

*Je* denkt *dat je leven in de toekomst niet meer leuk kan zijn. Juist datgene waar je het meest van genoot, moet je nu vaarwel zeggen. Je* voelt *je somber en neerslachtig.*

- *Je* denkt *dat dit de zoveelste tegenslag is. Het lijkt wel of niemand het goede met je voorheeft. Je begrijpt niet waar je het aan verdiend hebt. Je* voelt *je zielig en door alles en iedereen in steek gelaten.*
- *Je* denkt *dat die sportarts zijn vak niet verstaat. Je voelt je in de maling genomen door de hele medische stand. Kunnen die lui niet beter uit hun ogen kijken. Incompetente sukkels zijn het. Je* voelt *je woedend*
- *Je* denkt *dat het maar goed is dat je naar die periodieke keuring*

*bent gegaan. God weet wat er anders had kunnen gebeuren. Gelukkig dat die man zijn taak als arts serieus opvat. Je* voelt *je opgelucht.*

In alle voorbeelden zien we hoe een bepaalde manier van denken tot bepaalde gevoelens leidt. Of liever: hoe een bepaalde *negatieve* manier van denken tot bepaalde *negatieve* gevoelens leidt en een bepaalde positieve kijk op zaken positieve gevoelens teweeg brengt.
Nu is het natuurlijk nooit leuk om te worden afgewezen, ontslag te krijgen of niet meer te kunnen sporten. Het is dan ook begrijpelijk dat je overspoeld wordt door allerlei nare gedachten en gevoelens. Maar dat hoeft nog niet te betekenen dat je jezelf ook helemaal overlevert aan die gedachten. Als je dat doet, dan word je het slachtoffer van de gebeurtenissen en ben je niet in staat iets aan je situatie (en je gevoelens!) te veranderen. En juist om dat laatste gaat het bij de RET, zoals we zullen zien. Maar nu eerst terug naar de theorie van de RET. We maken daarvoor gebruik van de letters A, B en C.

De A staat voor 'aanleiding' (oorzaak, in het Engels: *activating event*). De B staat voor de 'bril' waardoor je kijkt (je manier van tegen dingen aankijken, in het Engels: *belief*). De C staat voor consequentie (het gevolg, in het Engels *consequence*) van je manier van denken.

**De kern van de RET komt erop neer dat niet A de oorzaak is van C, maar B!**

In gewoon Nederlands: het zijn niet de gebeurtenissen in je leven (A) die bepalen hoe je je voelt (C), maar de manier waarop je tegen die gebeurtenissen aankijkt (B).

Volgens Ellis gaan de meeste mensen er ten onrechte van

uit dat er altijd een directe relatie bestaat tussen bepaalde gebeurtenissen en gevoelens: ik word gedumpt en *dus* voel ik me een waardeloos figuur. Ik zak voor een examen en *dus* voel ik me vreselijk te neer geslagen. Ik rijd mijn gloednieuwe auto in de prak en *dus* voel ik me ontzettend zielig. Mijn partner doet onaardig tegen mij en *dus* ben ik boos, enzovoort.

Op het eerste gezicht lijkt het inderdaad logisch dat een bepaalde gebeurtenis de oorzaak is van een bepaald gevoel. En toch is dat bij nader inzien niet zo, het is zelfs de meest gemaakte denkfout! Laten we de voorbeelden nog eens van dichterbij bekijken.

- *Gedumpt worden.* Dat is inderdaad niet leuk. In bepaalde gevallen kan zoiets beslist erg aangrijpen. Hoe erg, hangt echter af van de manier waarop je er tegenaan kijkt. Je kunt zo'n afwijzing opvatten als de grootst mogelijke persoonlijke afgang en dan voel je je inderdaad een waardeloos figuur. Als je op deze manier denkt, voed je je negatieve zelfbeeld en daar ga je je beslist niet beter door voelen.
- Het is echter ook mogelijk een afwijzing te zien als een uitdaging: ik zal laten zien dat ik me alleen ook weet te redden. In het laatste geval zul je je een stuk rustiger en krachtiger voelen. Ook is het mogelijk dit soort gebeurtenissen te zien als een van de vele *facts of life*: iedereen krijgt hiermee wel eens te maken, het hoort bij het leven. Je zou het dus ook op een gezonde manier kunnen relativeren.
- *Zakken voor een examen.* Ook al niet leuk, zeker niet als je heel hard hebt gestudeerd. Als je een perfectionist bent die nooit mag falen, dan zul je ongetwijfeld depressief worden als je eens een keer de mist in gaat. Als je daarentegen een examen beschouwt als een gewoon proefwerk dat je ook altijd nog kunt overmaken, dan staan de zaken er beslist anders voor: volgende keer beter.
- *Auto in de prak.* Een veel voorkomend euvel waar mensen zeer verschillend op reageren. Mensen voor wie de auto

inderdaad een heilige koe is, zullen zich gegarandeerd erg ongelukkig voelen bij de eerste deuk. Degenen die hun auto zien als niet veel meer dan een vervoermiddel, raken nauwelijks onder de indruk.

- *Boze partner.* Het hangt er in dit geval van af wat je verstaat onder 'een goede relatie'. Mensen die menen dat partners nooit eens ruzie mogen hebben en altijd maar lief en aardig tegen elkaar moeten zijn, raken vast en zeker overstuur en worden boos en onzeker als de partner niet aardig doet. Andere mensen vinden het juist een gezond teken als de partner de vrijheid heeft (krijgt) om ook eens uit de slof te schieten. Iedereen heeft toch recht op een boze bui?

We zien in deze voorbeelden dat onze zienswijzen, overtuigingen, opvattingen en meningen (of: onze normen, waarden en idealen) voor een heel groot deel bepalen welke emotionele effecten bepaalde gebeurtenissen op ons hebben. Al deze zienswijzen, overtuigingen enzovoort, kunnen we onderverdelen in twee soorten: rationele en irrationele. *Rationeel* wil in dit verband zeggen: gezond, redelijk, verstandig en bevorderlijk voor het welbevinden. *Irrationeel* betekent: ziekmakend, onredelijk, onverstandig en leidend tot allerlei nare gevoelens.
Volgens de RET wordt het merendeel van de menselijke ellende veroorzaakt doordat de mens een als het ware ingebakken neiging heeft om op een irrationele manier (zeg maar: negatieve) tegen de gebeurtenissen in zijn leven aan te kijken. We hebben als mens allemaal een sterke neiging om ons onredelijk op te stellen als dingen niet gaan zoals wij dat willen. Deze onredelijke opstelling komt heel duidelijk naar voren in de drie irrationele basisideeën die volgens Ellis iedereen in zich heeft.

## Drie irrationele basisideeën

Volgens Albert Ellis heeft elk mens een sterke neiging op een irrationele (ongezonde, onredelijke) manier over zichzelf en zijn leven na te denken. Waarom dat zo is, is overigens niet helemaal duidelijk. Kennelijk hebben mensen de neiging eerst de duistere kant van allerlei oorzaken van gebeurtenissen op te zoeken, een gedachte die ook Sigmund Freud niet vreemd was. En we weten inmiddels dat Ellis begonnen is als psychoanalyticus. Hoe dan ook, irrationele ideeën kunnen ontelbare vormen aannemen. Toch zijn ze allemaal te herleiden tot drie irrationele *basis*ideeën die we nu zullen bespreken.

*Irrationeel basisidee nummer 1*

**'Ik moet *altijd goed presteren en daarvoor gewaardeerd worden door anderen. Zo niet, dan ben ik een waardeloos figuur.*'**

Alle mensen hebben volgens Ellis een neiging tot perfectionisme en prestatiedwang. Of liever: tot een ongezond perfectionisme en tot een ongezonde prestatiedwang. Want achter dit perfectionisme en deze prestatiedwang gaat de behoefte (noodzaak) schuil door anderen aardig te worden gevonden en gewaardeerd te worden: als ik maar flink mijn best doe dan vindt iedereen (mijn familie, mijn vrienden, mijn baas enzovoort) mij aardig. Het omgekeerde geldt helaas ook: als ik niet goed presteer, dan vindt iedereen mij een waardeloos figuur. En als iedereen mij een waardeloos figuur vindt, dan *ben* ik ook een waardeloos figuur. Als je uitgaat van irrationeel idee nummer 1, maak je je tot slaaf van de anderen. Dit is natuurlijk een heel ongezonde, irrationele manier van denken omdat je hierdoor je persoonlijk geluk laat afhangen van de goedkeuring en waardering door anderen. Bovendien maak je hierdoor je waardering als persoon afhankelijk van je prestaties. Dat is irrationeel, omdat elk mens veel meer is dan alleen het totaal van zijn daden. Veel rationeler is het jezelf voor te houden dat je je best hebt gedaan en dat je altijd probeert je taken zo goed mogelijk te vervullen. Je bent en blijft echter een mens en dus feilbaar. Er staat nergens geschreven dat jij nooit eens een fout mag maken. Het is dan ook onzinnig van jezelf te verwachten dat je dat nooit zult doen. Net zo onzinnig is het als anderen van je verwachten dat je nooit een fout zult maken. Je bent tenslotte geen robot!

*Irrationeel basisidee nummer 2*

***'Iedereen moet aardig voor mij zijn. Zijn ze dat niet, dan zouden ze daarvoor gestraft moeten worden.'***

Alweer een erg ongezonde, irrationele manier van denken. Natuurlijk is het leuk als iedereen aardig voor je is. Maar dat betekent nog lang niet dat je deze sympathie zomaar kunt afdwingen. Mensen hebben allemaal hun voorkeuren. Je doet er dus goed aan je te realiseren dat er in je omgeving altijd mensen zullen zijn die een grondige hekel aan je hebben. Zelfs zonder geldige reden. Zo zijn mensen nu eenmaal, ze moeten elkaar soms gewoon niet. Er staat nergens geschreven dat jij een allemansvriend moet zijn. Als je uitgaat van irrationeel idee nummer 2, dan zul je weinig of geen vrienden overhouden. Veel rationeler is het ervoor te zorgen dat je goed kunt opschieten met de mensen die werkelijk belangrijk voor je zijn. En als ook dat niet lukt, dan doe je er goed aan bij jezelf eens heel ernstig na te gaan hoe dat komt.

*Irrationeel basisidee nummer 3*

***'Ik moet alles wat ik hebben wil op een relatief eenvoudige manier kunnen krijgen. Tegenslagen en andere narigheid moeten mij bespaard blijven.'***

De RET spreekt in dit verband van LFT, wat staat voor lage frustratietolerantie. Wij mensen zijn over het algemeen inderdaad wat gemakzuchtig aangelegd, we houden niet van moeilijkheden, die gaan we het liefst uit de weg. Het is natuurlijk ook leuk en aangenaam als alles heel gladjes verloopt. Maar ook hier weer geldt dat je dit niet kunt afdwingen. Iedereen maakt in zijn leven grotere en kleinere tegenslagen mee. Het is niet rationeel ervan uit te gaan dat juist jou alle ellende bespaard zal blijven. Ook jouw baan kan op de tocht komen te staan, ook jouw relatie kan stuklopen, ook jij kunt kanker krijgen, ook jouw kind kan onder een auto lopen. Er staat nergens geschreven dat jij een uitzondering bent. Als je uitgaat van irrationeel idee nummer 3, zul je niet bestand zijn tegen de onvermijdelijke moeilijkheden die een mensenleven nu eenmaal met zich meebrengt. Veel rationeler is het er rekening mee te houden dat de zaken wel eens behoorlijk kunnen tegenzitten en maatregelen te treffen waarmee je de kans op onheil kunt beperken.

Deze drie irrationele basisgedachten maken duidelijk dat de mens een sterke neiging heeft om op een irrationele manier na te denken, om irrationele eisen te stellen. Want wie van ons zou het niet ontzettend prettig vinden als hij altijd optimaal zou presteren, als iedereen hem aardig zou vinden en als hem alle narigheid bespaard zou blijven? Niets menselijks is ons vreemd.
We hebben al eerder gezegd dat irrationele ideeën ontelbaar veel vormen kunnen aannemen. Sommige vormen komen vaker voor dan andere. Om een indruk te geven van de verschillende vormen, zetten we hier de twaalf meest voorkomende irrationele ideeën, voorzien van commentaar, op een rij.

## De twaalf meest voorkomende irrationele ideeën

Albert Ellis heeft, op basis van zijn jarenlange ervaring als therapeut, een lijst samengesteld van de irrationele ideeën waarvan mensen het meeste last hebben. We gaan nu deze twaalf meest voorkomende irrationele ideeën nader bekijken. Het gemeenschappelijk kenmerk van al die ideeën wordt gevormd door het gegeven dat er steeds sprake is van een *moeten*. In alle irrationele ideeën zit een eis, een *dwangmatigheid* verborgen. Het is ook niet voor niets dat men in de RET spreekt van *musturbatory thoughts* ('moeterige' gedachten).

*Irrationeel idee nummer 1:*
***'Het is voor mij absoluut noodzakelijk dat ik door iedereen aardig word gevonden.'***

Dit eerste irrationele idee is direct afgeleid van irrationeel basisidee nummer 1. Bij de bespreking daarvan hebben we al gezien dat het onzinnig is ervan uit te gaan dat iedereen je altijd even aardig zal vinden. Zo werkt dat nu eenmaal niet. Zo kan dat zelfs niet werken, want dat zou betekenen dat iedereen in je omgeving op dezelfde manier zou denken en dat je op iedereen exact dezelfde indruk zou maken, terwijl het een vaststaand gegeven is dat alle mensen in meer of mindere mate van elkaar verschillen.
Rationeler is het er zowel in je privé-leven als op je werk rekening mee te houden dat er altijd wel mensen zullen zijn die een hekel aan je hebben. En waarom kunnen mensen een hekel aan je hebben? Wat denk je van het volgende:

- omdat je hun meerdere bent;
- omdat je meer verdient;
- omdat anderen je graag mogen;
- omdat je intelligenter bent;
- omdat je je anders gedraagt;
- omdat je er beter uitziet;

- omdat je meer succes hebt bij het andere geslacht;
- omdat ze aan iedereen, behalve zichzelf een hekel hebben;
- enzovoort.

Maar dat is nog niet alles. Ga er eens van uit dat het je gelukt is je bij iedereen in je omgeving geliefd te maken. Iedereen is dol op je en vindt je sympathiek en betrouwbaar en sociaal. Dat lijkt op het eerste gezicht misschien heel aardig, maar in werkelijkheid zit je in een val. Want je hebt nu wel de sympathie van iedereen, maar hoe houd je die vast? Je kunt je nooit eens een misstap permitteren, je kunt nooit eens flink uitvallen, je kunt nooit eens humeurig zijn. Nee, je moet je altijd redelijk, verstandig en sociaal opstellen. Je zit, met andere woorden, in een verstikkend korset.
Irrationeel idee nummer 1 leidt bovendien vrijwel altijd tot, wat men noemt, *subassertiviteit*. Als je iedereen te vriend wilt houden, dan kan het in bepaalde gevallen moeilijk of zelfs onmogelijk zijn om voor je eigen mening uit te komen. Want als je kritiek levert op anderen, dan kan het gebeuren dat ze je minder aardig gaan vinden. En mensen die uitgaan van irrationeel idee nummer 1 vinden zoiets onverdraaglijk.

Veel rationeler is het dan ook om je te realiseren dat het onmogelijk is om allemansvriend te zijn. Als je bevriend bent met de één, kan dat voor de ander al een reden zijn om een hekel aan je te hebben. Het is natuurlijk best prettig als je goed kunt opschieten met mensen die belangrijk voor je zijn, maar je kunt hun sympathie niet afdwingen. Soms ‘klikt’ het gewoon, soms helemaal niet. Je kunt in het laatste geval natuurlijk proberen te achterhalen wat de oorzaak is van de antipathie en eventuele misverstanden uit de weg ruimen. Maar realiseer je altijd dat mensen ook maar mensen zijn en dat ze de neiging hebben op een onredelijke manier na te denken. Ook over jou.

*Irrationeel idee nummer 2:*
***'Ik mag geen enkele fout maken, anders ben ik een waardeloos figuur.'***

Ook irrationeel idee nummer 2 is afgeleid van het eerste irrationele basisidee. Een ongezond soort perfectionisme en faalangst zijn er het gevolg van. Ga maar na: als je de waardering voor jezelf afhankelijk maakt van je prestaties, dan ga je vroeger of later altijd de mist in. Want mensen zijn maar mensen en dus feilbaar. Jij ook. Als je uitgaat van irrationeel idee nummer 2, dan geef je jezelf geen enkele ruimte om eens een steek te laten vallen. En dat niet alleen: de kans is groot dat je ook van anderen altijd een perfecte prestatie verlangt, waardoor je gegarandeerd veel teleurstellingen, irritaties en frustraties te verwerken zult krijgen. Het is bovendien niet logisch om je zelfwaardering (of je waardering voor anderen) afhankelijk te maken van prestaties. Mensen zijn niet gelijk aan de gedragingen die ze vertonen. Iemand kan een vreselijke blunder maken, maar dat wil nog niet zeggen dat hij daardoor als mens een mislukkeling is.

Veel rationeler is het van jezelf te weten waar je grenzen liggen. Stel je doelen niet te hoog, probeer niet steeds anderen te overtroeven. Iedereen heeft nu eenmaal zijn sterke en zwakke kanten. Realiseer je dat je ook maar een mens bent, met alle tekortkomingen van dien. Natuurlijk zul je fouten maken, dat is onvermijdelijk. Waar het om gaat, is dat je je best doet. Dat je in alle eerlijkheid tegen jezelf kunt zeggen dat je geprobeerd hebt te doen wat je kunt. Dus: ***Doe wat je kunt, meer kun je niet doen!*** Als dingen desondanks mislukken, dan is dat natuurlijk jammer. Maar je schiet er in ieder geval niets mee op jezelf (of anderen!) daarvan verwijten te maken. Veel zinniger is het na te gaan hoe in de toekomst de gemaakte fout kan worden vermeden.

*Irrationeel idee nummer 3:*
***'Sommige mensen zijn slecht en ze zouden daarvoor gestraft moeten worden.'***

Irrationeel idee nummer 3 is nauw verbonden met irrationeel idee nummer 2. Dat komt doordat er dezelfde denkfout achter zit. Want als je uitgaat van deze gedachte (nr. 3), dan zeg je eigenlijk dat mensen slecht *zijn* om datgene wat ze *doen*. En volgens de RET gaat het niet aan om mensen als persoon te veroordelen omdat ze slechte, verkeerde dingen doen. En die neiging hebben we allemaal. Maar ten onrechte.
Want wat is slecht? Wat is gemeen? Dat hangt in de meeste gevallen sterk af van de context waarin dingen gebeuren: niet alle leugens zijn per definitie slecht.
Als je ervan uitgaat dat sommige mensen slecht zijn, dan betekent dat dus dat jij mag en kunt bepalen wat goed en slecht is. Je laat jouw norm kennelijk als de enige juiste norm gelden. En dat is natuurlijk niet rationeel. Mensen hebben allemaal, door hun cultuur, opvoeding en ervaringen, een eigen patroon van normen en waarden gekregen. In veel gevallen is het zo, dat verschillende normen en waarden zonder problemen naast elkaar kunnen bestaan (als je ten minste verdraagzaam bent). Oorlogen, godsdienstoorlogen, ruzies en conflicten ontstaan juist doordat mensen deze verdraagzaamheid voor elkaars manier van denken en doen niet hebben.
De meeste mensen zijn 'van nature' een beetje wraakzuchtig. Als iemand ons een streek levert, dan hebben we vrijwel allemaal de neiging hem dat betaald te zetten. Of we dat ook doen, is een tweede. Boeddhisten hebben bijvoorbeeld hun wraakzucht overwonnen en zien in een belediging veel meer een oefening tot mededogen en geduld. In het Westen zijn we over het algemeen zover nog niet. Menselijkerwijs gesproken is dat goed te begrijpen, wraak

nemen geeft ons een zekere bevrediging. Als we echter zuiver rationeel nadenken, dan is de logica ver te zoeken. Straf leidt in vrijwel alle gevallen namelijk alleen maar tot een verhoging van spanning en agressie. Door iemand te straffen, verander je die persoon totaal niet. Sterker nog: zijn neiging een bepaald gedrag te vertonen wordt in de meeste gevallen alleen maar groter.
Natuurlijk moet er in de samenleving helaas in een aantal gevallen wel een straf worden opgelegd, bijvoorbeeld in de vorm van vrijheidsstraffen. Dit is echter een laatste redmiddel om de maatschappij en de mensen daarin te beschermen. De straffen die wij elkaar in onze dagelijkse omgang proberen op te leggen, zijn echter zelden zinvol en dienen alleen de genoemde bevrediging van onze wraakzucht. Dat kan soms heel ver gaan: Amerikaanse politici die voorstander zijn van de doodstraf, geven zonder blikken of blozen toe dat wraakzucht de belangrijkste reden is om de doodstraf in stand te houden.

Veel rationeler is het persoon en gedrag zo veel mogelijk te scheiden. Waarom? Omdat je je dan veel minder aan de mensen zult ergeren. Als je mensen meer ruimte, meer krediet geeft, kun je ze makkelijker blijven accepteren.

*Irrationeel idee nummer 4:*
***'Ik kan er absoluut niet tegen als dingen anders gaan dan ik wil.'***

Een kernbegrip uit de RET is een lage frustratietolerantie (LFT). De meeste mensen kunnen er maar slecht tegen als de zaken anders gaan dan ze gepland hadden. En laten we eerlijk zijn: in feite houden we daar allemaal niet zo van. Het is tenslotte toch veel makkelijker als alles precies volgens plan verloopt? Zoals het toch ook veel makkelijker is als iedereen precies doet wat wij willen?

Helaas gaat het in werkelijkheid vaak anders. Het is zelfs zo, dat tegenslagen en tegenwerking een onvermijdelijk bestanddeel vormen van ieders leven. Ook al plannen we onze acties nog zo goed, er kan altijd wat gebeuren waardoor de zaak finaal uit de hand loopt. Ook al doen we nog zo ons best, soms zit alles 'gewoon' verschrikkelijk tegen. Volgens de RET heeft het weinig zin je te blijven ergeren aan tegenslagen: ze worden daar heus niet minder van. Net zo zinloos is het op mensen te kankeren die er verantwoordelijk voor zijn dat de zaken zijn misgegaan: ze *zijn* immers al misgegaan en je gekanker maakt alles alleen maar erger en veroorzaakt buikpijn. Denk in dit verband ook aan het gedrag van mensen in een file: zouden ze echt sneller vooruit komen, naarmate ze meer schelden?
Als dingen tegenzitten, is dat op zichzelf eigenlijk nooit een ramp. We maken er zelf een ramp van door er vreselijk zwaar aan te tillen. Het is daarom verstandig altijd rekening te houden met tegenslagen. Mensen zijn feilbare wezens en bijna alle werk is mensenwerk. Dus wat ligt er meer voor de hand dan een tegenslag zo nu en dan? Je bent irrationeel en onlogisch bezig als je daar geen rekening mee wenst te houden!

Veel verstandiger is het in voorkomende gevallen na te gaan waardoor de tegenslagen zijn veroorzaakt. In een aantal gevallen zul je maatregelen kunnen nemen, zodat die zaken in de toekomst beter gaan. In andere gevallen blijft het risico van een mislukking er in zitten, wat je ook doet.

*Irrationeel idee nummer 5:*
***'Het ligt in principe nooit aan mij als er dingen misgaan. Ik kan er niets aan doen.'***

Sommige mensen denken dat ze onfeilbaar zijn. Als er een fout wordt gemaakt, ligt dat nooit aan hen. Als er sprake is

van een ruzie of van een conflict, ligt de schuld altijd bij de ander. Die ander moet er dan ook maar voor zorgen dat alles weer in orde komt.
Irrationeel idee nummer 5 zorgt er ook voor dat mensen zich slachtoffer van de situatie gaan voelen: ze voelen zich een speelbal van factoren buiten hen. Ze nemen dan ook geen enkele verantwoordelijkheid voor wat er met hen gebeurt Ze gaan ervan uit dat je het leven moet nemen zoals het is. En dat is natuurlijk maar zeer ten dele waar. Iedereen kan tot op zekere hoogte in zijn eigen leven ingrijpen en er richting aan geven. Het is onzin om je zomaar mee te laten drijven met de gebeurtenissen om je heen. Je kunt wel degelijk tegen een bepaalde stroom in zwemmen en op die manier *zelf* de richting van je leven bepalen. Dat gaat in een heleboel gevallen op. Zelfs bij ernstige ziektes. Zo is het meermalen gebleken dat iemand een fatale ziekte wist te bedwingen door zich niet gewonnen te geven.

Je moet alleen wel je grenzen kennen. Het is inderdaad onzinnig te vechten tegen zaken die bij voorbaat verloren zijn. Iedereen wordt ouder, iedereen moet sterven. Maar zelfs bij deze zaken heeft het meer zin ervan te maken wat ervan te maken valt, dan bij de pakken te gaan neerzitten. De RET leert je dat je moet proberen controle te krijgen over je eigen leven. Maar dan wel binnen je mogelijkheden.

*Irrationeel idee nummer 6:*
***'Ik moet altijd tot het uiterste bedacht zijn op allerlei soorten narigheid.'***

Mensen die uitgaan van irrationeel idee nummer 6, hebben in feite geen leven. Voor hen schuilt in elk hoekje een ongeluk. Ieder kuchje, elk knobbeltje is de voorbode van een vreselijke en fatale ziekte. Iedereen is er naar hun idee op uit hen een loer te draaien. Hun toekomstbeeld is uiterst

somber en het verleden gaf ook al geen reden tot optimisme. Kommer en kwel alom.
De ellende met dit soort gedachten is, dat ze inderdaad allerlei onheil lijken op te roepen. Vaak zien we dat pessimisten geregeld in allerlei narigheid verzeild raken (waardoor ze zich natuurlijk alleen maar bevestigd voelen in hun bange voorgevoelens). Een ander gevolg van al deze drukmakerij is, dat je helemaal geen energie meer over hebt als de zaak werkelijk fout gaat.

De RET verkondigt in feite de alom bekende boodschap van: 'Geen zorgen voor de dag van morgen.' Het heeft geen enkele zin je vooraf druk te gaan zitten maken over alles wat er eventueel allemaal fout zou kunnen gaan in je leven. Als het eenmaal fout is gegaan, dan is het nog vroeg genoeg om je druk te maken. Een en ander betekent natuurlijk niet dat je met open ogen in zeven sloten tegelijk moet lopen. Waar het om gaat, is dat je in redelijkheid rekening houdt met bepaalde gevaren en risico's die zich nu eenmaal in elk mensenleven voordoen. Als je daarin te ver gaat, zit je binnen de kortste keren met een flinke fobie opgescheept en dat maakt het leven er zeker niet eenvoudiger op.

*Irrationeel idee nummer 7:*
***'Ik moet kost wat kost alle verantwoordelijkheden en moeilijkheden uit de weg gaan. Als ik niets doe, doe ik ook niets fout.'***

Op het eerste gezicht lijkt deze uitspraak een waarheid als een koe. Want wat is er makkelijker dan het ontlopen van elke vorm van verantwoordelijkheid? Wat is er gemakkelijker dan anderen belangrijke beslissingen te laten nemen, zodat jij er nooit op kunt worden aangesproken als de zaak misloopt?
Op dezelfde manier lijkt het ideaal alle moeilijkheden te ont-

wijken. Steeds als er problemen dreigen, zorg je ervoor dat je op tijd weg bent. Op het eerste gezicht is dat inderdaad heel gemakkelijk. Maar let op. Als je er een gewoonte van maakt om alle problemen te ontlopen, dan zul je jezelf steeds zwakker maken. Je zelfvertrouwen krijgt geen kans zich te ontwikkelen. Je zelfbeeld zal er ook niet op vooruitgaan: je krijgt een hekel aan jezelf omdat je weet dat je altijd de gemakkelijkste weg kiest. Je zult steeds minder weerbaar worden tegen elke vorm van spanning. Problemen zijn natuurlijk lastig, maar ze bieden je van de andere kant een mogelijkheid jezelf sterker te maken. Oefening baart kunst. Bovendien zul je je niet bepaald geliefd maken bij je omgeving als je er steeds de kantjes van afloopt. Mensen houden in de regel niet van slapjanussen die overal onderuit proberen te komen.

Veel rationeler is het om problemen te beschouwen als een uitdaging, als een gelegenheid aan jezelf en anderen te laten zien wat je in je mars hebt. Een en ander betekent natuurlijk niet dat je nooit eens flink aangeslagen kunt raken door een bepaald probleem. Of dat je nooit te maken krijgt met een werkelijk onoplosbaar vraagstuk. Maar zelfs in die gevallen zal een ontwijkende houding je op termijn geen enkele winst opleveren.

*Irrationeel idee nummer 8:*
***'Ik ben volledig afhankelijk van anderen. In m'n eentje stel ik niets voor, kan ik niets.'***

Van deze manier van denken zul je ook niet echt vrolijk worden. Je maakt jezelf volledig afhankelijk van anderen, je zelfwaardering is minimaal. En wie zichzelf niet waardeert, kan erop rekenen dat anderen hem evenmin waarderen. Mensen die zichzelf de grond in boren, zijn in de regel niet populair.

Natuurlijk is iedereen tot op zekere hoogte afhankelijk van anderen. De mens is een sociaal wezen en heeft als zodanig de ander nodig. Dat geldt niet alleen voor het uitvoeren van bepaalde taken, maar evenzeer voor het krijgen van waardering, warmte en respect. Het is ook helemaal geen schande op deze manier afhankelijk te zijn van anderen. Er schuilt bijvoorbeeld helemaal geen kwaad in als je bij een ander te rade gaat, voordat je een belangrijke beslissing moet nemen. Als die ander meer verstand van zaken heeft, is dat zelfs een heel verstandige handelwijze. Net zo min is het verkeerd om tegen je partner te zeggen dat je moeilijk zonder hem of haar zou kunnen leven. Ook daarin schuilt niets verkeerds. Wat waar is, is waar.
Problemen ontstaan echter wanneer je ervan uitgaat dat je *nooit* op een zelfstandige manier een beslissing kunt nemen. Wanneer je het gevoel hebt dat je *altijd* het advies van anderen nodig hebt. Wanneer je het idee hebt dat het leven *volstrekt zinloos* zou worden als je partner je zou verlaten. In die gevallen is er sprake van een dwingende afhankelijkheid, waarbij je als ware een bijrol speelt in de film van je eigen leven.

Rationeel is het een open oog te hebben voor je eigen afhankelijkheden. Rationeel is het na te gaan of, en zo ja, in hoeverre je iets zou kunnen ondernemen om je van bepaalde mensen (en zaken!) minder afhankelijk te maken. In bepaalde gevallen zal dat betekenen dat je meer risico's moet nemen en dat kan inhouden dat je je een stuk minder veilig zult voelen. Lastig, maar van de andere kant een prima gelegenheid om je zelfvertrouwen te vergroten.

*Irrationeel idee nummer 9:*
***'Mijn leven wordt voor het grootste deel bepaald door mijn verleden.'***

Irrationeel idee nummer 9 is misschien wel een van de gevaarlijkste en meest ondermijnende irrationele ideeën. Hoe vaak doen mensen geen uitspraken in de trant van: 'Ik ben zoals ik ben, daar kun je niets meer aan veranderen.' Of: 'Als je voor een dubbeltje geboren bent, dan word je nooit een kwartje.' Of: 'Eens een dief, altijd een dief.'
Irrationeel idee nummer 9 is er verantwoordelijk voor dat mensen geen enkel geloof hebben in de mogelijk van veranderen van henzelf en/of anderen.
Natuurlijk worden we in een bepaalde mate allemaal beïnvloed door de (goede en slechte) ervaringen die we in het verleden hebben gehad. Bepaalde ervaringen zullen beslist een heel diepe indruk op ons hebben gemaakt en doorwerken in het heden. De mate waarin dat echter gebeurt, hangt in grote mate af van de manier waarop wij tegen die ervaringen in het verleden aankijken. Want vooral hier geldt het A-B-C van de RET: het zijn niet de gebeurtenissen in het verleden (A) die ons leven bepalen (C), maar het is de manier waarop we tegen die gebeurtenissen aan kijken (B).

Je kunt jezelf wel degelijk veranderen, je hele leven lang. Dat kun je bereiken door anders te gaan nadenken over jezelf en de wereld waarin je leeft. Als je iets ergs hebt meegemaakt, dan kun je natuurlijk denken 'dit kom ik nooit meer te boven' en vervolgens diep terneergeslagen bij de pakken gaan neerzitten. Je zou echter ook kunnen denken: 'Oké, wat er nu gebeurd is, is helaas gebeurd. Laat ik gaan kijken op welke manier ik deze klap te boven kan komen.' Als je zo denkt, kun je ook je gevoelens beïnvloeden. Je kunt op die manier een verlammende en deprimerende apathie vervangen door een veel actievere levenshouding.

*Irrationeel idee nummer 10:*
***'Ik moet me de moeilijkheden van anderen altijd zo veel mogelijk aantrekken.'***

Irrationeel idee nummer 10 maakt op het eerste gezicht een heel menslievende indruk. Het is natuurlijk heel mooi als je je iets aantrekt van de moeilijkheden van anderen. Tenminste, als je dat doet vanuit een wezenlijke interesse voor die ander en vanuit een oprechte wil iets aan zijn of haar problemen te doen. Veel mensen houden zich echter bezig met de problemen van anderen om op die manier te verdoezelen dat ze hun eigen problemen niet de baas kunnen. En bij dat soort betrokkenheid bij andermans problemen is niemand gebaat.
Het is ook mogelijk dat je je de problemen van de ander te veel aantrekt. Ook in dat geval ben je verkeerd bezig, omdat je dan door je te grote betrokkenheid niet meer in staat bent te beoordelen wat er precies aan de hand is. Medeleven wordt dan letterlijk mede-lijden en ook daarvan wordt niemand iets wijzer.

Veel verstandiger is het voor jezelf na te gaan of, en zo ja, op welke manier je iets voor de ander kunt doen. Je zult erachter komen dat je in lang niet alle gevallen per se iets hoeft te doen. In een aantal gevallen zal het zelfs zo zijn dat je maar beter niets kunt doen. Soms is het beter dat je de ander zelf zijn of haar problemen laat oplossen. De ander wordt daardoor sterker en zelfstandiger.

*Irrationeel idee nummer 11:*
***'Ik moet voor elk probleem de perfecte oplossing zien te vinden.'***

Veel mensen gaan ervan uit dat elk probleem op een perfecte manier moet worden opgelost. Daarmee werken ze zichzelf danig in de nesten. Al was het alleen maar door

het feit dat er voor veel problemen niet eens een oplossing bestaat, laat staan een perfecte. Bovendien is het in veel gevallen niet goed na te gaan of de gekozen oplossing wel de perfecte is; je krijgt simpelweg niet de kans ze allemaal uit te proberen!
In het ergste geval stellen mensen het aanpakken van een bepaald probleem steeds maar uit, omdat ze niet kunnen beslissen welke aanpak ze gaan volgen. Ze vergeten daarbij dat het beter is ten halve te keren, dan ten hele te dwalen.
Het heeft geen enkele zin om naar perfectie te streven, op welk gebied dan ook. Mensen zijn en blijven mensen en dus feilbaar. Een perfect mens bestaat niet en zou waarschijnlijk uitermate saai zijn.

Veel verstandiger is het om een probleem goed te analyseren en na te gaan wat je eraan zou kunnen doen. ‘Het ergste van alles is twijfel’, zei Napoleon al, dus je doet er goed aan een bepaalde oplossing uit te proberen. Heeft die niet het gewenste resultaat, dan is dat jammer, maar zeker geen ramp. Probeer gewoon de volgende uit.

*Irrationeel idee nummer 12:*
***‘Ik kan niet leven met onzekerheden.’***

Er zijn mensen die de meeste tijd van hun leven bezig zijn zich in te dekken tegen alle mogelijke risico’s. Ze nemen pas beslissingen als ze de zaken meermalen van alle kanten hebben bekeken. Ze eten supergezond, ze doen aan sport, ze nemen financieel geen enkel risico. Ze zullen zich nooit in een avontuur storten, maar altijd op safe spelen. Dergelijke mensen beschikken over een lage frustratietolerantie (LFT).
Het is jammer voor deze mensen, maar ze zullen er, ondanks al hun inspanningen, nooit in slagen maximale zekerheid

te krijgen. Een mensenleven zit nu eenmaal vol onzekerheden. Hoeveel voorzorgen je ook neemt, er zal altijd wel weer iets gebeuren waarop je niet gerekend had.

Veel rationeler is het om door oefening je frustratietolerantie te vergroten. Dat kun je doen door bewust risico's aan te gaan. Gemakkelijk is dat natuurlijk niet, want de eerste tijd zul je je behoorlijk onzeker voelen. Ga bijvoorbeeld eens naar drukke winkels die je normaal gesproken zou vermijden. Of stel het moment van lekker eten eens wat langer uit. Gaandeweg zal het echter duidelijk worden dat er met deze onzekerheid prima te leven valt. Het is vaak gewoon een kwestie van wennen.

In het voorafgaande hebben we kennis kunnen maken met de meest voorkomende irrationele ideeën die mensen erop nahouden. Aan het eind van dit deel staan ze alle twaalf nog eens op een rij, samen met het rationele alternatief. Bij alle irrationele ideeën is er sprake van een dwang die je jezelf oplegt: steeds *moet* er iets per se gebeuren. Het gevolg is dat deze ideeën allerlei negatieve emoties oproepen zoals angst, twijfel en onzekerheid.
In de RET maken we een duidelijk onderscheid tussen de verschillende soorten negatieve emoties die het gevolg zijn van een irrationele manier van denken.

## Gezonde en ongezonde negatieve emoties

Dat klinkt wat vreemd: 'gezonde negatieve emoties'. Negatief is toch nooit gezond? Laat staan prettig. Toch bestaat het. In de RET bedoelt men met gezonde negatieve emoties die emoties die je, hoewel ze van nature niet prettig zijn, toch verder kunnen helpen. Emoties waarmee je iets kunt doen, die je aanzetten tot het ondernemen van acties. Ongezonde negatieve emoties hebben een verstikkend karakter en leiden tot apathie. Een aantal gezonde en ongezonde negatieve emoties op een rij.

*Gezond* ——————————— *Ongezond*

bezorgdheid ——————————— angst

Wanneer je *bezorgd* bent dat er iets gebeurt, dan *hoop* je dat het niet gebeurt. Je bent niet compleet uit het veld geslagen als het toch gebeurt Als je bezorgd bent, ben je nog goed in staat na te gaan wat je zou kunnen doen om een eventueel onheil te voorkomen of te beperken. Heel anders is het wanneer je angstig bent. In dat geval zit je eigenlijk als slachtoffer af te wachten totdat de klap valt. Je hebt alle hoop laten varen dat je nog iets kunt doen om het onheil af te wenden.
Bezorgdheid is het gevolg van een rationele manier van denken, bijvoorbeeld: 'Ik zou willen dat dit of dat niet gebeurt. Maar als het onverhoopt toch gebeurt, dan zien we wel weer hoe we verder gaan.'
Angst is het gevolg van een irrationele manier van denken: 'Dit of dat mag absoluut niet gebeuren. Gebeurt het toch, dat is dat een onoverkomelijke ramp.'

***Voorbeeld***
Je kunt bezorgd zijn om je gezondheid. In dat geval kun je de nodige maatregelen nemen, zoals gezonder gaan leven, sporten en eventueel een medisch onderzoek ondergaan.
Als je angstig bent voor je gezondheid, loop je het risico juist allerlei kwalen en pijntjes op te roepen: je gaat in verhoogde mate letten op de verrichtingen van je lichaam. En dat loopt altijd fout af. Als je op je longen gaat letten, krijg je het benauwd. Als je op je hart gaat letten, slaat het op hol. Voor je het weet ben je een hypochonder geworden (iemand die voortdurend bang is voor allerlei nare ziektes).

| *Gezond* | *Ongezond* |
| --- | --- |
| verdriet | depressie |

Verdriet is een gezonde negatieve emotie, omdat er een zekere acceptatie in doorklinkt: 'Het is erg jammer wat er nu gebeurd is, maar kennelijk heeft het zo moeten zijn. Wie ben ik om te verwachten dat alle verdriet mij bespaard zou blijven?' Een rationele manier van denken dus.
Een depressie is heel duidelijk het gevolg van een irrationele manier van denken: 'Het is een volslagen ramp, wat er nu gebeurd is. Dit had nooit mogen gebeuren. Dit zal ik nooit te boven kunnen komen. Mijn leven heeft geen enkele zin meer.'

***Voorbeeld***
Je kunt (heel erg veel) verdriet hebben om een verbroken relatie. Laat dat verdriet er gewoon zijn, het is een manier van verwerken. En inderdaad: tijd heelt alle wonden, maak tijd dus tot je bondgenoot.
Als je na een verbroken relatie depressief wordt, dan kom je niet aan verwerking toe. In feite worden je emoties tijdens en door een depressie volslagen lam gelegd, zodat er van een feitelijke verwerking niets kan komen. Depressies zijn vaak het gevolg van een bepaalde manier van denken, waarbij je de toekomst geen enkele kans meer geeft. Je relativeert niet meer als je depressief bent, je plaatst gebeurtenissen niet meer in een (tijds)perspectief. Vrijwel altijd een irrationele manier van denken dus.

| *Gezond* | *Ongezond* |
| --- | --- |
| spijt | schuld/<br>schaamte |

Ook spijt is het gevolg van een rationele manier van denken: 'Het is jammer dat ik deze fout gemaakt heb. Ik heb mijn best gedaan, maar ik ben en blijf ook maar een mens en mensen zijn nu eenmaal feilbare wezens. Laat ik de volgende keer proberen nog beter mijn best te doen of nog beter op te letten. Misschien lukt het dan wel.'
Schuld en schaamte zijn ongezonde negatieve emoties en het resultaat van een irrationele manier van denken: 'Het is onvergeeflijk dat ik dit gedaan heb. Zie je nu wel dat ik nergens voor deug? Hoe zal ik dit ooit weer goed kunnen maken? Ik verdien het niet dat mensen mij nog ooit aankijken. Ik schaam me dood.'

***Voorbeeld***
Je kunt spijt hebben omdat je je niet beter hebt voorbereid op een bepaald proefwerk of tentamen, nou zit je met de gebakken peren. Je neemt je echter voor het de volgende keer beter te doen en er meer tijd en energie in te stoppen.
Je kunt je ook schamen dat je het niet gehaald hebt en je daarover zelfs schuldig gaan voelen. Dergelijke gevoelens zijn weliswaar begrijpelijk (invoelbaar), maar zullen je niet verder helpen, omdat ze je zelfvertrouwen en je zelfrespect alleen maar verder onderuit halen. Schuld en schaamte zijn gevoelens die alleen op hun plaats zijn als je *doelbewust* jezelf en anderen benadeelt. Als je goed nadenkt, zul je moeten constateren dat dat zelden het geval zal zijn.

*Gezond* ——————————— *Ongezond*

ergernis ——————————— woede

Je ergert je wanneer iemand iets doet (of wanneer er iets gebeurt) wat je niet leuk vindt. Ergernis is het gevolg van een rationele manier van denken: 'Ik zou willen dat hij dat niet gedaan had (of doet), maar ja, zo zijn de mensen nu

eenmaal. Wie ben ik om te verwachten dat iedereen precies doet wat ik wil?'
Woede is een ongezonde negatieve emotie waarvan je zelf het meeste last hebt. Woede is het gevolg van een irrationele manier van denken: 'Hoe haalt hij het in zijn hoofd om mij dit aan te doen? De vreselijkste straf is nog te goed voor hem!'

*Voorbeeld*
Je ergert je aan het feit dat je partner de rommel die hij maakt nooit opruimt. Je loopt als een soort sloofje achter hem aan. Op zeker moment neem je het besluit alles maar te laten liggen waar het ligt, net zolang tot hij struikelt over zijn eigen rommel. Een gezonde, rationele en weloverwogen aanpak.
Als je woedend wordt om zijn laksheid, loop je het risico met de dag opgefokter te raken, met alle mogelijke (relationele) gevolgen van dien. Het kan zijn dat je binnen de kortste keren verzeild raakt in een machtsrelatie, waarbij het er alleen nog maar om gaat dat beide partners niet willen onderdoen voor de ander. Dat loopt vaak helemaal verkeerd af.

Tot zover de bespreking van de verschillende gezonde en ongezonde negatieve emoties. We hebben gezien dat alle ongezonde negatieve emoties het gevolg zijn van een irrationele manier van denken (en de gezonde van een rationele manier van denken). Dat betekent dus dat je je ongezonde negatieve emoties kunt vervangen door gezonde, namelijk wanneer je erin slaagt op een rationele manier te denken. We komen daar in het volgende deel nog uitgebreid op terug.

## Verschillende soorten inzicht

Als je de RET op jezelf toepast, dan kun je met behulp van wat je tot nu toe geleerd hebt, vrij eenvoudig allerlei irrationele ideeën en ongezonde negatieve emoties bij jezelf ontdekken. Je krijgt, met andere woorden, vrij gemakkelijk inzicht in je eigen manier van denken en in de mate van (ir)rationaliteit daarvan. Maar dan ben je er nog niet. Weten wat je fout doet, wil nog niet zeggen dat je van je problemen verlost bent. Veel mensen weten bijvoorbeeld precies te vertellen waardoor en wanneer ze in de problemen zijn geraakt. Ze kunnen met grote nauwkeurigheid vertellen hoe irrationeel hun manier van denken is (bijvoorbeeld in het geval van een fobie of een depressie), zonder dat ze zich daardoor beter gaan voelen. Een veelgehoorde uitspraak in dit verband is: 'Ik weet nu wel hoe het allemaal gekomen is, maar hoe kom ik er nu van af?'

In de RET maken we een onderscheid tussen twee soorten inzicht: intellectueel inzicht en emotioneel inzicht.
Het *intellectuele* inzicht is het inzicht dat we in het voorafgaande beschreven hebben: weten hoe het allemaal gekomen is, kennis hebben van de feiten en mechanismen die geleid hebben tot de problemen (bijvoorbeeld je opvoeding, je ervaringen als kind, een ongeluk, zakken voor een examen enzovoort). Dit intellectuele inzicht is in de regel vrij gemakkelijk te verkrijgen maar leidt op zich niet tot verandering, hooguit tot de wens om te veranderen.
Veel belangrijker is het emotionele inzicht. Er is sprake van *emotioneel inzicht* wanneer je van jezelf niet alleen weet dat je *wilt* veranderen, maar er ook heilig van overtuigd bent dat je *kunt en moet* veranderen. Emotioneel inzicht is veel moeilijker te verkrijgen dan rationeel inzicht. Emotioneel inzicht wil zeggen dat je bereid bent risico's te nemen om nieuwe gedragingen uit te proberen. Emotioneel inzicht is de werkelijke motor achter het proces van verandering; je kunt ook spreken van *motivationeel* inzicht.

Nog eens op een rij.

- Intellectueel inzicht:
  - o weten waar je problemen vandaan komen;
  - o weten dat vroegere gebeurtenissen nog steeds van invloed zijn op je huidige denken en voelen;
  - o weten dat je zou kunnen veranderen;
  - o echte motivatie om te veranderen is echter nog niet aanwezig.
- Emotioneel of movationeel inzicht:
  - o besef van oorzaken en gevolgen;
  - o sterke motivatie om te veranderen;
  - o overtuiging daadwerkelijk te kunnen veranderen.

Heel simpel gesteld: intellectueel inzicht heeft te maken met de wens en de hoop op verandering. Emotioneel/movationeel inzicht heeft veel meer te maken met het geloof in, en vertrouwen op verandering.

## Samenvattend

We hebben in dit deel kennisgemaakt met de basistheorie en de basisbegrippen van de RET. We hebben gezien dat het niet zozeer de gebeurtenissen in ons leven zijn waardoor we in de problemen komen, maar veeleer de manier waarop we tegen deze gebeurtenissen aankijken.
Ook hebben we gezien dat mensen 'van nature' een neiging hebben om op een ongezonde, irrationele manier over zichzelf en hun leven na te denken. Ze zetten zichzelf en anderen nodeloos onder druk, waardoor ze het zichzelf en anderen alleen maar moeilijk maken. Van de andere kant heeft de mens ook een sterke neiging om op zoek te gaan naar geluk: als zijn leven hem niet bevalt, dan gaat hij op zoek naar een prettigere manier van leven.

De RET gaat ervan uit dat je je gevoelens tot op zekere hoogte onder controle kunt krijgen door op een bepaalde, rationele manier na te denken Met andere woorden: volgens de RET *denken we onszelf ziek* en *kunnen we onszelf ook weer gezond denken.*

In dit deel hebben we kennis kunnen maken met de twaalf meest voorkomende irrationele ideeën. We hebben gezien dat deze irrationele ideeën stuk voor stuk tot allerlei ongezonde, irrationele gevoelens leiden. In het volgende deel gaan we bekijken hoe we irrationele ideeën en gevoelens kunnen vervangen door rationele. We doen dat aan de hand van enkele veelvoorkomende problemen van mensen. Tot besluit volgt nog een overzicht van de drie irrationele basisideeën en de twaalf irrationele ideeën met hun rationele alternatieven.

## Overzicht irrationele basisideeën

*Irrationeel basisidee nummer 1*

***'Ik moet altijd goed presteren en daarvoor gewaardeerd worden door anderen. Zo niet, dan ben ik een waardeloos figuur.'***

*Irrationeel basisidee nummer 2*

***'Iedereen moet aardig voor mij zijn. Zijn ze dat niet, dan zouden ze daarvoor gestraft moeten worden.'***

*Irrationeel basisidee nummer 3*

***'Ik moet alles wat ik hebben wil, op een relatief eenvoudige manier kunnen krijgen. Tegenslagen en andere narigheid moeten mij bespaard blijven.'***

## Overzicht irrationele ideeën en hun rationele alternatieven

*Irrationeel idee nummer 1*

***'Het is voor mij absoluut noodzakelijk dat ik door iedereen aardig word gevonden.'***

➜ Veel *rationeler* is het om je te realiseren dat het onmogelijk is een allemansvriend te zijn.

*Irrationeel idee nummer 2*

***'Ik mag geen enkele fout maken, anders ben ik een waardeloos figuur.'***

➜ Veel *rationeler* is het uit te gaan van je eigen beperkingen.

*Irrationeel idee nummer 3*

***'Sommige mensen zijn slecht en ze zouden daarvoor gestraft moeten worden.'***

➜ Veel *rationeler* is het persoon en gedrag zo veel mogelijk te scheiden.

*Irrationeel idee nummer 4*

***'Ik kan er absoluut niet tegen als dingen anders gaan dan ik wil.'***

➜ Veel *rationeler* is het om in geval van tegenslagen na te gaan waardoor die zijn veroorzaakt en hoe je ze in de toekomst kunt voorkomen.

*Irrationeel idee nummer 5*

***'Het ligt in principe nooit aan mij als er dingen misgaan. Ik kan er niets aan doen.'***

➜ De RET leert je dat je moet proberen controle te krijgen over je eigen leven. Maar dan wel binnen je mogelijkheden.

*Irrationeel idee nummer 6*

***'Ik moet altijd tot het uiterste bedacht zijn op allerlei soorten narigheid.'***

→ De RET verkondigt in feite de alom bekende boodschap: 'Geen zorgen voor de dag van morgen.'

*Irrationeel idee nummer 7*

***'Ik moet kost wat kost alle verantwoordelijkheden en moeilijkheden uit de weg gaan. Als ik niets doe, doe ik ook niets fout.'***

→ Veel *rationeler* is het om problemen te beschouwen als een uitdaging, als een gelegenheid aan jezelf en anderen te laten zien wat je in je mars hebt.

*Irrationeel idee nummer 8*

***'Ik ben volledig afhankelijk van anderen. In m'n eentje stel ik niets voor, kan ik niets.'***

→ *Rationeel* is het een open oog te hebben voor je eigen afhankelijkheden. Rationeel is het na te gaan of, en zo ja, in hoeverre je iets zou kunnen ondernemen om je minder afhankelijk te maken.

*Irrationeel idee nummer 9*

***'Mijn leven wordt grotendeels bepaald door mijn verleden.'***

→ Je kunt je verleden natuurlijk niet veranderen: wat gebeurd is, is gebeurd. Wat je wel degelijk kunt veranderen, is de manier waarop je tegen je verleden aankijkt. Dat kan door anders te gaan nadenken over jezelf en de wereld waarin je leeft.

*Irrationeel idee nummer 10*

***'Ik moet me de moeilijkheden van anderen altijd zo veel mogelijk aantrekken.'***

→ Veel *rationeler* is het voor jezelf na te gaan of, en zo ja, op welke manier je iets voor de ander kunt doen.

*Irrationeel idee nummer 11*

***'Ik moet voor elk probleem de perfecte oplossing zien te vinden.'***

→ Veel verstandiger is het om een probleem grondig te analyseren en na te gaan wat je er, binnen je mogelijkheden, aan zou kunnen doen.

*Irrationeel idee nummer 12*

***'Ik kan niet leven met onzekerheden.'***

→ Veel rationeler is het om door oefening je frustratietolerantie te vergroten. Probeer niet koste wat kost alle narigheid te vermijden, dat gaat je nooit lukken. Stel je daar op in.

# Deel 2
# Zelf je problemen oplossen

**In dit deel zullen we gaan zien hoe het mogelijk is om met behulp van de RET zelf je problemen op te lossen.** In het voorwoord stond al dat dit boek geen 'toverboek' is. Daarmee bedoelen we verschillende dingen. Op de eerste plaats dat het niet mogelijk is om met dit boek of met de RET *alle* problemen op te lossen. Het zou irrationeel zijn om te denken dat er zo'n manier of methode zou bestaan; sommige problemen zijn door hun aard onoplosbaar. Dit boek is op de tweede plaats geen toverboek, omdat het niet gaat over eenvoudige kunstjes waarmee je problemen in het niets kunt laten verdwijnen. Integendeel. De RET op jezelf toepassen wil zeggen: je verstand goed gebruiken en vervolgens doorzetten, doorzetten en nog eens doorzetten.
We leven in een tijd waarin de zelfhulpboeken als zoete broodjes over de toonbank gaan. Het ene boekje belooft nog meer levensgeluk dan het andere, zowel voor de dag van morgen als voor nu. Dit RET-zelfhulpboek is wat bescheidener, omdat het de resultaten van deze aanpak laat afhangen van de persoonlijke motivatie van de lezer. Ben je iemand die niet bestand is tegen de geringste vorm van frustratie, dan zul je eerst iets moeten doen aan je LFT, je lage frustratietolerantie. Wil je daarentegen op een serieuze manier iets aan je problematische situatie veranderen en daar hard voor werken, dan vallen er met de RET beslist goede resultaten te verwachten.
We zullen in dit deel aan de hand van werkelijk bestaande problemen van werkelijk bestaande mensen laten zien hoe dat in z'n werk kan gaan. Maar nu eerst nog even een klein stukje theorie.

## De 'D' en de 'E' van de RET

In het vorige deel heb je kennis gemaakt met het A-B-C van de RET: De A staat voor 'aanleiding', de B voor de 'bril' waardoor je die aanleiding bekijkt, en de C voor de 'conse-

quentie', het emotionele gevolg. We hebben gezien dat niet A (bijvoorbeeld het krijgen van ontslag, het stuklopen van een relatie) verantwoordelijk is voor een bepaald gevolg C (verdriet, wanhoop, woede enzovoort), maar dat dat de B is, de bril, de manier waarop je tegen A aankijkt.
In de RET kunnen we dit A-B-C uitbreiden met de letters D en E. De D staat voor 'ter Discussie stellen van B' en de E voor 'Effect'.
Een voorbeeld om deze algebra wat duidelijker te maken.

*Stel: Je werkt met zijn drieën op een uitzendbureau. Het gaat niet goed in deze branche en er worden zware maatregelen genomen. Jullie krijgen alle drie ontslag in verband met de opheffing van jullie vestiging.*

Dit ontslag noemen we, in termen van de RET, de gebeurtenis of aanleiding A. Vervolgens zie je dat jij en elk van je collega's op een andere manier reageren op dit ontslag. Deze reactie noemen we C (van Consequentie, of gevolg). We hebben gezien dat deze C hoofdzakelijk bepaald wordt door B (van Bril), de manier waarop je tegen dit ontslag aankijkt. En inderdaad, bij navraag blijken jij en je collega's allemaal een andere visie op dit ontslag te hebben.
- Om met jezelf te beginnen: het ontslag heeft je erg bezorgd gemaakt. Je vraagt je af hoe het nu verder moet, want je hebt zojuist een huis gekocht. De hypotheek is vorige week afgesloten, op basis van twee inkomens. Je ziet de toekomst, vooral op financieel gebied, met grote bezorgdheid tegemoet. Van de andere kant besef je dat de directie niet anders kon. Je weet dat de zaken er in de uitzendbranche slecht voorstaan. Je vindt het jammer, maar besluit zo snel mogelijk op zoek te gaan naar een andere baan.
- Je ene collega reageert op een totaal andere manier: ze is

woedend. Hoe halen ze het in hun hoofd om uitgerekend haar te ontslaan? Ze had voor zichzelf nog wel zo'n prachtige loopbaan uitgestippeld en nou gebeurt er dit! Ze is vastbesloten naar een advocaat te stappen. Ze zal die uitzendorganisatie wel eens laten zien dat ze niet met zich laat sollen. Nee, die zijn nog lang niet van haar af. Ze steekt zich liever voor jaren in de schulden om die advocaat te betalen, dan dat ze zich aan de kant laat zetten.

- Je andere collega is door het ontslag flink in de put geraakt. Dit is nu al de derde keer dat ze ergens wordt ontslagen. Voor haar is het duidelijk: het ligt allemaal aan haar. Had ze maar beter haar best moeten doen. Ze is ervan overtuigd dat het weinig zin heeft om een nieuwe baan te zoeken, omdat dat ook weer binnen de kortste keren fout zal aflopen. Ze heeft nu eenmaal altijd pech en vindt diep in haar hart dat ze niet beter verdient. Wie voor een dubbeltje geboren wordt, wordt toch nooit een kwartje.

We zien in dit voorbeeld hoe eenzelfde gebeurtenis A (het krijgen van ontslag) aanleiding geeft tot totaal verschillende reacties C. Dat komt door de verschillende B's die de betrokkenen erop na houden. Laten we deze B' s eens van dichterbij bekijken.
Jouw manier van denken kunnen we rationeel noemen: je hebt de zaken helder op een rij, je emotie (bezorgdheid) is 'gezond', in de zin dat deze je aanspoort actie te gaan ondernemen. Met jouw B' s is in principe niets aan de hand en die hoeven dus ook niet te veranderen.
Heel anders is het gesteld met de manier van denken van je beide collega's. De manier van denken van je ene collega is duidelijk irrationeel, met een ongezonde emotie tot gevolg: woede. Ze zint op wraak en is bereid daarvoor haar toekomst op het spel te zetten. Ze moet laten zien wie de sterkste is, het bedrijf *moet* haar op een fatsoenlijke manier behandelen, het is *verschrikkelijk* dat ze nu aan de kant

is gezet. Door deze manier van denken wordt deze collega bepaald niet gelukkig. Ze gaat uit van de *irrationele ideeën* (die we voortaan iB's, *irrational beliefs*, zullen noemen) 1, 3 en 4 en loopt daarmee alleen maar een verhoogd risico op een maagzweer. Ze zou er goed aan doen om eens wat vraagtekens te plaatsen achter haar manier van denken. Ze zou er, met andere woorden, goed aan doen haar B's (haar ideeën, verwachtingen enzovoort) ter Discussie te stellen. Ze zou er verstandig aan doen zichzelf vragen te stellen in de trant van: 'Waarom is het eigenlijk zo belangrijk om te laten zien dat ik de sterkste ben? Wat schiet ik daar eigenlijk mee op?' En: 'Waar staat geschreven dat een bedrijf zich altijd fatsoenlijk moet gedragen tegenover haar werknemers?' Of: 'Waarom is het eigenlijk zo'n ramp dat ik ontslagen ben?' Al doende zou je collega er al gauw achterkomen dat ze op een ongezonde en onproductieve manier over de zaken nadenkt. Ze maakt zichzelf daarmee alleen maar ongelukkig. Het is dus van het grootste belang dat ze iB's vervangt door *rationele alternatieven*, die we voortaan rB's (*rational beliefs*) zullen noemen. Rationele alternatieven voor de genoemde gedachten zouden bijvoorbeeld kunnen zijn: 'Het is onzin om kost wat kost een strijd te willen winnen. Geen enkele baan is zo belangrijk dat je daar je toekomst voor op 't spel moet zetten.' Of: 'Het is natuurlijk wel leuk als ze je aardig behandelen, maar afdwingen kun je zoiets nooit.' En: 'Het is niet leuk om ontslagen te worden, maar het betekent toch ook niet het einde van mijn leven. Ik vind wel weer wat anders.' Ze verliest, met andere woorden, de moed niet.

We zien in dit voorbeeld het belang van de D: deze zorgt ervoor dat irrationele ideeën (iB's) vervangen worden door rationele (rB's).

Ter illustratie kijken we ook nog even naar je andere collega. Zij heeft kennelijk geen hoge pet op van zichzelf. Ze laat zich vooral leiden door de iB's 7, 8 en 9. Ook zij doet er goed aan haar uitgangspunten ter discussie te stellen. Bijvoorbeeld: 'Waarom zou ik niet eens een fout mogen maken?' en: 'Waarom moet ik mezelf een waardeloze trut vinden als iets mij niet lukt?' Ook deze collega doet er verstandig aan haar iB's te vervangen door rB's. Bijvoorbeeld: 'Het is prachtig als ik geen enkele fout zou maken, maar haalbaar is dat natuurlijk niet. Ik ben tenslotte ook maar een mens.' Of: 'Ook al zijn dingen in het verleden bij herhaling misgegaan, dan nog wil dat niet zeggen dat ze *altijd* mis zullen blijven gaan.' En: 'Het is onzin als ik mezelf ga afkatten, omdat ik iets verkeerd heb gedaan. Ik doe mijn best en meer kan ik niet doen.'

De RET op jezelf toepassen wil zeggen: op zoek gaan naar je eigen iB's en deze vervangen door rB's. Dat klinkt een heel stuk gemakkelijker dan het in werkelijkheid is. Want we zijn niet gewend om steeds onze eigen manier van denken ter discussie te stellen. Andermans denkgewoonten en uitgangspunten onderuithalen, valt ons in de regel veel gemakkelijker.
Jezelf veranderen is altijd een moeilijke zaak, juist omdat je letterlijk en figuurlijk zo dicht bij jezelf staat. Daardoor zie je vaak ook niet wat je verkeerd doet; elk mens heeft blinde vlekken ten opzichte van zijn eigen denken en doen. Bovendien is het in veel gevallen veruit het gemakkelijkst om je te blijven gedragen zoals je altijd al deed: dan weet je ten minste hoe mensen op je reageren, je weet waar je aan toe bent en dat geeft een veilig gevoel. 'Nieuw' gedrag is vaak riskant.

Het doel van de RET is een verandering in je denken te bewerkstelligen, waardoor je je beter gaat voelen. Hier zien we de E van Effect terug. Als je erin geslaagd bent je iB's te vervangen door rB's, dan heeft dan verschillende effecten. Je zult op de eerste plaats anders gaan *denken*. Je manier van denken wordt veel rationeler en gezonder, waardoor je een stuk beter zult kunnen functioneren. Je zult je, met andere woorden, ook anders gaan *gedragen*: je zult bijvoorbeeld niet meer in de fout vervallen jezelf dingen kwalijk te nemen waaraan je toch niets kunt veranderen. Je zult uitdagingen niet meer uit de weg gaan, maar accepteren. Je zult je daardoor ook een stuk beter gaan *voelen*, omdat je sterker, zelfstandiger en vrijer zult zijn geworden.

Dus:

*Effect:*
- verandering in denken;
- verandering in gedrag;
- verandering in voelen.

We kunnen met de bespreking van de D en de E de theorie van de RET afsluiten. Het is nu de hoogste tijd om te gaan bekijken hoe een en ander in de praktijk in zijn werk gaat. We zullen dat doen, zoals gezegd, aan de hand van werkelijk gebeurde voorbeelden. In het rest van dit deel zullen we enkele veelvoorkomende problemen bespreken en bekijken hoe je daar met behulp van de RET iets aan kan doen.

# RET en angst

**Even vooraf: in het Nederlands maken we officieel een onderscheid tussen vrees, angst, paniek en een fobie.** In de spreektaal worden deze begrippen nogal eens door elkaar gebruikt. Officieel moeten we van 'vrees' spreken wanneer duidelijk is waarvoor je bang bent: voor bepaalde personen, situaties of plaatsen. Bij 'angst' is er eerder sprake van een algemeen gevoel van bangheid, zonder dat je precies weet waarom. 'Paniek' is een gevoel van hevige angst, terwijl een fobie betrekking heeft op een vrees die niet in verhouding staat tot de werkelijke, objectieve dreiging. Denk bijvoorbeeld aan een fobie voor spinnen of muizen: (Nederlandse) spinnen en muizen doen in de regel niets en toch zijn veel mensen er als de dood voor. In deze tekst volgen we de spreektaal en gebruiken we de begrippen 'angst' en 'fobie' door elkaar heen.

In de RET maken we overigens wel een onderscheid tussen angst en vrees. Angst is een ongezonde emotie, zoals we al eerder hebben gezien. Angst werkt vaak verlammend en heeft de neiging steeds sterker te worden, naarmate je je er meer tegen verzet. In de RET vatten we angst op als een

vorm van *overbezorgdheid*, als een overdreven vrees. In deze lijn redenerend is angst dus inderdaad een irrationele emotie en vrees een rationele.
De meeste angsten (en fobieën) vallen te herleiden tot twee 'basisangsten': de angst voor lichamelijke beschadiging (ziekte en dood) en de angst voor wat anderen van je denken. In dat laatste geval spreken we wel van een *sociale* angst of *sociale* fobie.
Angsten zijn er verantwoordelijk voor dat je op een irrationele manier gaat denken en doen: je gaat piekeren, je gaat allerlei overdreven maatregelen nemen om je veilig te voelen (vermijdingsgedrag vertonen) en je hebt de neiging om van een mug een olifant te maken. Dit laatste noemen we in de RET *catastroferen*.

## Sociale fobieën

Nogal wat mensen hebben er de grootste moeite mee naar drukke plaatsen te gaan. De overvolle supermarkt op zaterdagmiddag of een druk winkelcentrum ervaren ze als een ware nachtmerrie. We spreken in dergelijke gevallen van een 'sociale fobie': als je daaraan lijdt, ben je in wezen bang voor vrijwel elke vorm van sociaal contact. Alleen in je eigen omgeving kun je je redelijk op je gemak voelen. Je probeert elk uitstapje te vermijden en regelt het vaak zo, dat anderen de boodschappen en dergelijke voor je doen. In extreme gevallen kan het zover komen dat je je huis helemaal niet meer uitkomt. Veel mensen die het slachtoffer zijn geworden van een sociale fobie hebben geprobeerd hun angst door middel van pillen en/of alcohol onder controle te houden. En zijn daarmee van de wal in de sloot geraakt.
Als je je afvraagt waarvoor je nu eigenlijk bang bent, dan kom je vaak niet verder dan uitspraken als: 'Ik ben bang om dood te gaan (of om flauw te vallen, te gaan hyperven-

tileren enzovoort).' En ook: 'Ik heb het idee dat iedereen aan mij kan zien hoe ik me voel, ik heb het gevoel dat iedereen op mij let.'
De boosdoeners die achter veel van deze gedachten schuil gaan, zijn met name de irrationele ideeën 1, 12 en 7. We werken ze verder uit.

*Irrationeel idee nummer 1:*
***'Iedereen moet mij aardig vinden.'***

Als je je te veel aantrekt van wat anderen van je vinden, dan ga je na verloop van tijd aan jezelf twijfelen en word je met de dag onzekerder. We hebben al eerder gezien dat het volstrekt irrationeel is je zelfrespect te laten afhangen van de mening die andere mensen over je hebben.
Veel rationeler is het je bewust te zijn van je eigen kwaliteiten en zo goed mogelijk je best te doen. Als mensen je desondanks toch niet mogen, dan is dat hun probleem, niet het jouwe.

*Irrationeel idee nummer 12:*
***'Ik kan niet tegen onzekerheid.'***

Het is natuurlijk niet leuk als je gespannen raakt op drukke plaatsen. Dat maakt je onzeker: je hart klopt in je keel, je benen lijken van lood, je transpireert, je wordt duizelig en denkt flauw te zullen vallen. Je denkt nog maar één ding: 'Hoe kom ik hier zo snel mogelijk vandaan?' Begrijpelijk dat je zo denkt, maar rationeel is het niet. Je gaat niet zomaar dood en dat weet je zelf ook wel. Als je tegen jezelf blijft zeggen dat je niet tegen dit gevoel van onzekerheid (en gespannenheid) kunt, dan zul je daar inderdaad ook niet tegen kunnen.
Veel rationeler is het je zelfvertrouwen wat op te peppen met positieve *selftalk* in de trant van: 'Laat ik steeds opnieuw

proberen mijn grenzen te verleggen. De ene keer zal dat wat makkelijker gaan dan de andere keer. Het belangrijkste is dat ik het *blijf* proberen. Laat ik in ieder geval ten minste één keer per dag een boodschap doen en steeds wat langer buiten proberen te blijven.'

Als je je angstig en onzeker voelt in het openbaar en je denkt dat andere mensen dat aan je kunnen zien, trek je daar dan niets van aan. Als je je onzekerheid probeert te verbergen, wordt deze alleen maar groter. Vergeet ook niet dat je broodnodige geestelijke energie voor het grootste deel wordt opgebruikt door je pogingen je angst voor anderen te verbergen!

Veel rationeler is het je onzekerheid (en alle symptomen daarvan) op te vatten als een tijdelijke handicap en meer niet. Als er al mensen zouden zijn die je uitlachen, dan is ook dat geen ramp: dan weet je wie je in ieder geval niet tot je vrienden moet maken.

*Irrationeel idee nummer 7:*
***'Ik moet elk risico vermijden.'***

De RET op jezelf toepassen wil ook zeggen: risico's nemen en oefenen, oefenen en nog eens oefenen. Irrationeel idee nummer 7 kun je daarbij uiteraard niet gebruiken, want het is er bij de RET om te doen dat je juist wel allerlei risico's gaat nemen. En waarom zou je ook niet? Ga maar na, wat is het ergste dat je kan overkomen: dat het niet lukt. Goed, dat is dan zo. Dan probeer je het de volgende keer opnieuw.

Natuurlijk staat dat hier allemaal heel gemakkelijk op papier en valt het in de praktijk niet mee je in situaties te begeven die je de stuipen op het lijf jagen. Maar één ding is zeker: je schiet er in ieder geval niets mee op als je niets onderneemt. Dan word je alleen maar banger en krijg je steeds meer een hekel aan jezelf omdat je voortdurend wegloopt voor moeilijke situaties.

*Verlegenheid*

In feite kun je verlegenheid opvatten als een (min of meer) milde vorm van een sociale fobie. Als je last hebt van verlegenheid, dan vind je het moeilijk om voor jezelf en/of je mening op te komen. Verlegenheid kan zich voordoen tegenover één persoon (bijvoorbeeld bij een eerste kennismaking of ontmoeting) of tegenover meerdere personen tegelijk (wanneer je bijvoorbeeld een presentatie moet houden voor een groep mensen). In dit laatste voorbeeld valt verlegenheid (volgens de betekenis die we er in dit boek aan geven) samen met podiumvrees (zie hierna) en subassertiviteit.
Verlegenheid kan zich op verschillende manieren uiten: je kunt gaan blozen, gaan stotteren, het kan gebeuren dat je de draad van je verhaal kwijtraakt. Veel mensen die verlegen zijn, kiezen er daarom voor om niets of zo weinig mogelijk te zeggen en om zich zo veel mogelijk op de achtergrond te houden. Als ze niet oppassen, dan ontwikkelen ze een sociale fobie. Dat is heel jammer, want verlegen mensen zijn vaak heel gevoelige mensen die beslist een boel interessante zaken te melden hebben. Ze durven alleen niet zo goed omdat ze bang zijn om af te gaan of om afgewezen te worden. Ze realiseren zich niet dat verlegen mensen op anderen vaak een veel sympathiekere indruk maken dan de snelle, gladde praters. En daarmee zijn we al meteen aangekomen bij de irrationele ideeën die er in de meeste gevallen de oorzaak van zijn dat iemand verlegen is:

*Irrationeel idee nummer 1:*
***'Iedereen moet mij aardig vinden.'***

Of een variant daarop: 'Het is verschrikkelijk als ik word afgewezen.' Het is inderdaad niet leuk als je wordt afgewe-

zen, maar een ramp is dat toch niet. Mensen hebben zo hun voorkeuren en het is dus altijd mogelijk dat je bij iemand niet zo in de smaak valt. Ga jezelf maar na: jij hebt soms toch ook 'spontaan' een hekel aan een bepaald persoon, zonder dat je precies kunt aangeven waarom dat zo is? Accepteer dat dan ook van anderen en realiseer je dat het onmogelijk is om bij iedereen in de smaak te vallen.
Verlegenheid kan zich vooral voordoen als je verliefd bent op iemand. In zo'n geval is het extra pijnlijk om te worden afgewezen: heb je eindelijk je stoute schoenen aangetrokken om die zeer speciale ander te vertellen dat je gek op hem bent, en dan blijkt die ander zich totaal niet te interesseren voor jou. Jammer dan, maar jij bent in ieder geval eerlijk voor je gevoelens uitgekomen en dat is altijd beter dan stil in een hoekje te gaan zitten wegkwijnen. Afgaan kun je in zo'n geval nooit, want hoe zou je kunnen afgaan als je de waarheid vertelt? Dat veel mensen een afwijzing als een afgang ervaren, komt waarschijnlijk door de cultuur waarin we leven: je moet kennelijk altijd slagen. Een zeer irrationele gedachte, zeker wanneer het gaat om gevoelsmatige aangelegenheden.

*Irrationeel idee nummer 9:*
***'Ik kan niet veranderen.'***

En de variant daarop: 'Ik ben altijd verlegen geweest en zal dus altijd verlegen blijven.' We zagen het al eerder: je ongeloof in de mogelijkheid om te veranderen is vaak je grootste vijand. Dit ongeloof wordt steeds sterker, naarmate je langer wacht met het nemen van daadwerkelijke stappen om te veranderen. Stilstand is in dit soort van gevallen inderdaad achteruitgang. Iedereen kan veranderen, als hij het maar hard genoeg probeert. Uitspraken als 'Ik ben nu eenmaal zoals ik ben' zijn gevaarlijk omdat ze suggereren dat je nooit iets aan je persoonlijkheid (of je manier van doen) zou kunnen veranderen.

*Irrationeel idee nummer 8:*
***'Ik stel eigenlijk niets voor.'***

Alweer zo'n onzinnige gedachte! Iedereen stelt iets voor, namelijk zichzelf. Als je van je verlegenheid wilt afkomen, dan dien je te beseffen dat je net zo veel waard bent als welk ander mens ook. Je doet er goed aan je ten volle te realiseren dat niemand (dus ook je baas, je vriend of je vriendin niet!) als mens meer waard is dan jij. Alle mensen zijn als mens aan elkaar gelijk, dus het is volstrekte onzin je de mindere van iemand te voelen.

*Irrationeel idee nummer 7:*
***'Ik kan maar het best alle moeilijkheden vermijden.'***

Mensen die verlegen zijn, hebben de neiging deze verlegenheid te verbergen. Ze verzinnen daarvoor allerlei trucs, zeggen afspraken af, doen alsof ze verkouden zijn enzovoort. Op deze manier kom je natuurlijk nooit van je verlegenheid af. De RET gaat ervan uit dat het altijd beter is juist datgene te doen waarvoor je bang bent. Daardoor leer je en daardoor word je sterker. Ondersteun jezelf met positieve *selftalk* zoals: 'Ik vind het heel moeilijk om hem of haar aan te spreken, maar ik probeer het toch. Wat kan mij het schelen als ze zien dat ik verlegen ben? Verlegenheid is toch geen schande?' Het is ook goed om 'gewoon' tegen de ander te zeggen dat je verlegen bent en/of het moeilijk vindt om in gezelschap het woord te voeren. Dat soort eerlijkheid dwingt respect af. Op deze manier maak je van je 'zwakte' je kracht!

Verlegenheid, podiumvrees en subassertiviteit zijn problemen waar je op een relatief eenvoudige manier iets aan kunt doen. Van het grootste belang is ook hier weer dat je goed gemotiveerd bent om te veranderen en dat je je houdt aan een stevig 'werkplan'. Zo'n werkplan kan eruit bestaan

dat je voor jezelf een schema opstelt van moeilijke dingen die je elke dag wilt doen. Je krijgt daardoor de gelegenheid je te oefenen in de gedragingen die je moeilijk vindt. Je frustratietolerantie zal daardoor toenemen.
We hebben aandacht geschonken aan het verschijnsel verlegenheid, omdat dit bij zoveel mensen voorkomt. Op zichzelf is verlegenheid een relatief onschuldig probleem, hoewel sommige mensen er enorm onder gebukt kunnen gaan. Als de RET ergens zijn effectiviteit heeft bewezen, dan is het op wel op dit gebied!

*Podiumvrees*

Veel mensen vinden het ontzettend moeilijk om in het openbaar te spreken. Je kent dat vast wel: vroeger vond je het al een ramp voor de klas een spreekbeurt te houden. Nu kun je je niets ergers voorstellen dan dat je voor het oog van de baas en de medewerkers het woord moet doen. Dat je ooit voor een zaal van tweehonderd man een verhaal zou kunnen houden, is absoluut ondenkbaar. Die gedachte alleen al doet je het zweet uitbreken. Nachtmerrieachtige visioenen doemen op: trillende handen en benen, een bibberende stem, je raakt je verhaal kwijt, je krijgt een volledige black-out. Op het laatst zie je jezelf van dat podium afvallen, de afgang is compleet.

*Ook de auteur van dit boek is goed bekend met podiumvrees: toen ik voor het eerst op tv zou verschijnen, ben ik vier keer de studio uitgelopen omdat ik last kreeg van hevige paniekaanvallen. De aangeboden alcohol heb ik afgeslagen, de overige gastsprekers (en de presentatrice!) namen wel flink in; kennelijk was ik niet de enige die ontzettend bang was. De opnames zijn desalniettemin redelijk verlopen, al heb ik daar weinig herinneringen aan: de angst was te groot om indrukken op te doen. Na de opname zei ik tegen mezelf 'dat was eens, maar nooit weer', want de prijs die ik voor deze 'eer' moest betalen was veel te hoog. Na enkele dagen begon het echter toch te knagen. Ik kon de gedachte dat ik iets niet durfde maar moeilijk accepteren. Toen er vervolgens opnieuw een uitnodiging kwam, ben ik daar dus toch maar op ingegaan. Overigens weer met lood in mijn schoenen, maar toch iets minder dan de eerste keer. Op basis van die ervaring heb ik me voorgenomen dergelijke optredens als een oefening in zelfvertrouwen te zien. Het is zeker niet gemakkelijk geweest – vooral in het begin niet – maar nu maken dergelijke zaken me totaal niet meer bang. Wat daarbij heel erg geholpen heeft is de volgende ervaring: Toen ik eens een spreekbeurt moest houden voor een erg grote zaal (700 man), kreeg ik weer een paniekaanval. Weer de zaal uit, zaal in, zaal uit enzovoort. Tot de koffiejuffrouw me vroeg waar ik mee bezig was. Ik vertelde haar dat ik doodsbenauwd was. 'Dat moet je ze dan maar gewoon vertellen', zei ze. Dat heb ik toen dus maar gedaan, tegen de hele zaal. Het resultaat was dat de mensen in de zaal spontaan gingen klappen. Hartverwarmend en erg geruststellend. Als je ten overstaan van anderen 'zwak' durft te zijn, wordt je alleen maar sterker...*

De RET maakt korte metten met een irrationele angst als podiumvrees. Volgens de RET kun je namelijk niet afgaan voor jezelf en/of anderen als je je best doet. Het is in deze gevallen de *intentie* die telt, niet de prestatie. De RET gaat ervan uit dat het irrationeel is je zelfwaardering te laten afhangen van een min of meer toevallige prestatie. 'Toevallig', omdat de één nu eenmaal wat beter uit zijn woorden komt dan de ander.

Als je last hebt van spreken in het openbaar of van podiumvrees, dan doe je er goed aan je ter plekke voor te stellen dat je nooit de enige bent. Je kunt dat heel goed zien aan de ogen van je publiek: je ziet de mensen op de voorste rij denken 'blij dat ik daar niet hoef te staan'. Wat ook erg kan helpen is de methode van de *time-projection*: als je publiekelijk moet optreden, dan kun je van te voren uitrekenen hoelang dat zal duren. Kijk vervolgens steeds op je horloge of een klok, en realiseer je dat deze beproeving steeds minder lang gaat duren. Time-projection is ook erg nuttig als je bang bent voor de tandarts of een operatie en dat soort narigheden, zie ook verder in de tekst.

## Specifieke fobieën

Het komt ook voor dat mensen niet zozeer bang zijn voor drukke plaatsen of grote ruimtes, maar juist voor heel specifieke situaties, personen of objecten, zoals de angst (fobie) voor het ziekenhuis, voor de tandarts of voor een bepaald dier. Of hoogtevrees, vliegangst en de angst voor kleine ruimtes (claustrofobie). In principe is het zo, dat elke situatie, elke persoon of elk object voor iemand het voorwerp van een fobie kan worden. Dat gebeurt dan vaak op grond van bepaalde ervaringen die hij overigens niet altijd zelf hoeft te hebben gehad: fobieën kunnen 'besmettelijk' zijn en doorgegeven worden. Daarom nemen kinderen vaak de angsten en fobieën van hun ouders over. Maar ook eigen ervaringen kunnen voldoende zijn.

***Voorbeeld***
*Stel je voor dat je voor het eerst met een vriend een tocht op zijn nieuwe motor gaat maken. Hij scheurt in volle vaart weg en voordat je het weet lig je met twee gebroken benen en een hersenschudding in het ziekenhuis. Na ontslag uit het ziekenhuis blijkt dat je voortaan angstig wordt als je het geluid van brullende motoren hoort. Je loopt met een grote boog om motoren heen. Je vermijdt zelfs het contact met die vriend. Wat overdreven gesteld zouden we kunnen zeggen dat je een fobie voor motoren hebt opgelopen. De oorzaak daarvan is ongetwijfeld dat ongeluk.*

Je kunt je voorstellen dat nare, traumatische ervaringen op deze manier veel verschillende fobieën kunnen veroorzaken. De oorzaak is dan in de meeste gevallen wel duidelijk, maar daarmee ben je er nog niet van af. Daarvoor is meer nodig.

Als we fobieën wat beter bekijken, dan blijken daar in de meeste gevallen de volgende irrationele ideeën achter te zitten. Uiteraard weer irrationele ideeën nummer 12: *'Ik kan niet tegen onzekerheid'* en nummer 7: *'Ik moet elk risico vermijden'*. Je kunt deze irrationele ideeën te lijf gaan op de manier die we eerder bij de sociale fobieën hebben beschreven.
Veel specifieke angsten en fobieën hebben bovendien te maken met irrationeel idee nummer 6: *'Ik kan er maar het beste vanuit gaan dat alles mis zal gaan'*. Als je je door dit irrationeel idee laat leiden, wordt je kijk op de toekomst er zeker niet vrolijker op. Je ziet overal beren op de weg. Je bent zozeer in beslag genomen door de denkbeeldige rampen die je te wachten staan, dat je geen energie meer over hebt voor het geval er werkelijk iets gebeurt.
Als je een fobie voor iets of iemand hebt, dan heb je een sterke neiging te denken dat juist jou datgene zal overkomen waar je het meest bang voor bent. Alle redelijkheid is hierbij zoek: je bent bang voor een spin, een muis, je denkt kanker te krijgen, te verongelukken, af te gaan enzovoort, zonder dat daar in redelijkheid een aanleiding voor is. Het is vaak zelfs zo dat mensen die een bepaalde fobie hebben, bang zijn voor dingen die hen *nog nooit* zijn overkomen! Deze 'onredelijkheid' is juist wat een fobie tot een fobie maakt.
De enige manier om met dit soort ziekmakende, irrationele ideeën af te rekenen, is er dwars tegenin te gaan. De RET gaat ervan uit dat je nooit bang moet zijn als daar geen objectieve reden voor is. Ter illustratie nemen we een voorbeeld van een fobie waarvan veel mensen last hebben: de angst voor ernstige ziekten.

*Hypochondrie*

Als je voortdurend bezig bent met allerlei gedachten aan kanker of een andere ernstige ziekte, dan doe je er goed aan je één keer door de dokter te laten onderzoeken. Als deze geen enkele aanwijzing of aanleiding vindt om je door te sturen naar de specialist, dan kun je maar het best op hem vertrouwen. Het is namelijk irrationeel om ervan uit te gaan dat hij *juist bij jou* allerlei belangrijke symptomen van kanker of een andere ziekte over het hoofd ziet. Je doet er bovendien goed aan je te realiseren dat je altijd wel iets voelt in je lichaam, als je er maar lang genoeg op let. Hartkloppingen, maag- en darmklachten, hoofdpijnen, benauwdheden zijn allemaal zonder enige moeite 'psychisch' op te roepen. En je gaat helemaal voor de bijl als je er de medische encyclopedie bijhaalt: op elke bladzijde staan wel symptomen beschreven die precies bij je passen.
Vul het volgende lijstje eens in om na te gaan hoe het staat met jouw neiging om bij lichamelijke kwalen en kwaaltjes steeds aan het ergste te denken.

## De hypochondrietest

Deze test kent enkele vragen. Elke vraag kan beantwoord worden met 'ja' of met 'nee'. Omcirkel het antwoord van je keuze.

- Maak je je vaak zorgen over de mogelijkheid van een ernstige ziekte? Ja / Nee
- Heb je veel last van pijnkwalen? Ja / Nee
- Het je het idee dat je vaak bezig bent met wat er allemaal in je lichaam gebeurt? Ja / Nee
- Maak je je zorgen om je gezondheid? Ja / Nee
- Heb je vaak de symptomen van een ernstige ziekte? Ja / Nee
- Als je iets te horen krijgt over een bepaalde ziekte (via tv, radio, vrienden), ben je dan bang die ziekte zelf te krijgen? Ja / Nee
- Raak je geïrriteerd als iemand zegt dat je er goed uitziet, terwijl je je zo beroerd voelt als een hond? Ja / Nee
- Ben je van mening dat je last hebt van veel verschillende symptomen? Ja / Nee
- Vind je het gemakkelijk om zorgen van je af te zetten en aan iets heel anders te denken? Ja / Nee
- Vind je het moeilijk om de dokter te geloven als hij zegt dat je je nergens zorgen om hoeft te maken? Ja / Nee
- Heb je het idee dat mensen jouw ziekte niet serieus nemen? Ja / Nee
- Denk je dat jij je meer dan andere mensen druk maakt om je gezondheid? Ja / Nee
- Denk je dat er iets ernstigs met je lichaam aan de hand is? Ja / Nee
- Ben je bang voor ziekte? Ja / Nee



Je kunt je score berekenen door het aantal keren 'ja' bij elkaar op te tellen. Volgens Amerikaanse gegevens (van de psychiater Pilowsky) kun je de volgende gemiddelden hanteren.

- **Hypochondrische mannen** scoren gemiddeld 8,9.
- **Hypochondrische vrouwen** scoren gemiddeld 7,9.
- **Niet-hypochondrische mannen** scoren gemiddeld 2,9.
- **Niet-hypochondrische vrouwen** scoren gemiddeld 3.0.

Het zal je duidelijk zijn: hypochondrie wordt vooral veroorzaakt door irrationeel idee nummer 8: *'Ik moet altijd tot het uiterste bedacht zijn op allerlei soorten narigheid'*. Een irrationele manier van denken dus, die je hele leven kan verzieken. Bekend is dat hypochondrische mensen van 's morgens vroeg tot 's avonds laat met hun lichaam bezig zijn, ook al willen ze dat niet. De drang is echter sterker dan zij, het lijkt erop alsof ze voortdurend met hun lichaam bezig *moeten* zijn. Een regelrechte vorm van dwangdenken (obsessie) dus.

Rationeler is het in te zien dat je op de kundigheid van mensen (artsen in dit geval) moet vertrouwen. Rationeler is het om bij jezelf na te gaan waarom je toch zo bang bent voor kanker of voor een andere ziekte. Heeft die drukmakerij om kanker bijvoorbeeld tot doel je aandacht van andere zaken af te leiden? Is je leven veel te gestrest? Spelen er allerlei problemen die je op deze manier niet onder ogen probeert te zien?
De RET gaat echter nog verder: stel dat je inderdaad kanker hebt. Wat voor nut heeft het dan je daar zo druk om te maken? Het is natuurlijk heel erg als je voortijdig afscheid zou moeten nemen van de mensen van wie je veel houdt, van je vrouw, je man, je kinderen. Dat is zeker zo. Maar van de andere kant wordt niemand er beter van als je je volledig overgeeft aan je (doods-)angst. Het resultaat daarvan is vaak alleen maar dat jijzelf en de anderen om je heen in paniek raken. Het klinkt misschien cru, maar dat zou zonde van de tijd zijn.

De RET gaat ervan uit dat je je in dergelijke gevallen maar beter bij de feiten kunt neerleggen. Als je kanker hebt, dan ben je erg ziek. Uiteraard is het in zo'n geval zaak goed om na te gaan hoe je ervoor staat: is er nog kans op genezing of niet? Is dat niet het geval, dan doe je er goed aan te bekijken op welke manier je je verdere leven zo prettig en zinvol mogelijk kunt inrichten. Emotioneel gezien is dit geen gemakkelijke opgave. Rationeel gezien is dit de enig juiste weg. Bedenk ook dat *iedereen* dood moet gaan. De één wat vroeger dan de ander, maar doodgaan doen we allemaal. Het lot treft jou wat eerder dan het iemand anders treft. Natuurlijk kan je dat woedend en/of depressief maken. Probeer je desondanks te realiseren dat dat negatieve emoties zijn waar je eigenlijk niets mee kunt. Veel beter zou het zijn om je *verdriet* alle ruimte te geven waardoor je je veel sneller en beter zult kunnen aanpassen aan deze nieuwe situatie.

## Manieren om angsten en fobieën onder controle te krijgen

We hebben zojuist twee voorbeelden van een fobie wat nader uitgewerkt. We hebben gezien dat een bepaalde fobie heel verschillende oorzaken kan hebben. We hebben ook gezien dat er veel verschillende fobieën zijn en dat de intensiteit van een fobie kan variëren. Een en ander betekent overigens niet dat de manier waarop we de verschillende fobieën moeten aanpakken, ook steeds verschillend is. Uitgaande van de RET, is het mogelijk enkele algemene richtlijnen te geven waarmee je de aanval op je fobie kunt openen. Wellicht ten overvloede willen we nogmaals benadrukken dat doorzettingsvermogen en motivatie onmisbare ingrediënten zijn om dit offensief te laten slagen. Als je dus last hebt van een fobie en *je wilt daar werkelijk van af komen* (emotioneel of motivationeel inzicht!), probeer dan eens als volgt te werk te gaan.

- *Probeer je angst zo duidelijk en concreet mogelijk te omschrijven.* Ga na op welke manier je over je fobie nadenkt. Vaak zullen de gedachten de vorm aannemen van 'catastroferende' ideeën: 'Het lijkt me *verschrikkelijk* als ik afga voor zoveel mensen.' 'Het lijkt me *rampzalig* als ik een ernstige ziekte blijk te hebben.' Allemaal irrationele ideeën (iB's). Als je je best doet, dan kun je niet afgaan. Als je erg ziek hebt, dan kun je leren daarmee om te gaan, hoe moeilijk dat in het begin ook zal zijn. Bedenk ook dat een mislukking of tegenslag in het verleden lang niet altijd hoeft te betekenen dat het in de toekomst ook fout zal gaan (denk in dit verband aan irrationeel idee nummer 9).

- *Accepteer het onvermijdelijke.* Niemand komt er onderuit in zijn leven bepaalde risico's te nemen. Dat doet hij in feite al als hij op straat loopt: hij kan door een auto worden overreden of zijn nek breken over een bananenschil. Het heeft weinig zin te proberen alle risico's te vermijden. Je hebt dan bovendien geen leven meer. Een en ander betekent overigens niet dat het geen zin heeft reële gevaren zo veel mogelijk te vermijden. Het is niet verstandig 's nachts in bepaalde buurten van de haven van Rotterdam rond te lopen als je daar niets te zoeken hebt. Heb je daarentegen last van vliegangst dan heeft het weinig zin in het vliegtuig daarover te gaan klagen en te gaan zitten bibberen. Het enige wat je zou kunnen doen, is uitstappen (zolang er tenminste niet gevlogen wordt), maar dan kom je nergens. Ellis zelf ging met dergelijke gedachtegangen vrij ver: mensen met vliegangst doen er volgens de RET het beste aan te accepteren dat ze toch eens dood zullen moeten gaan. Ze dienen zich te realiseren dat het niet rampzalig zou zijn als ze juist bij deze vlucht aan hun einde zouden komen, hoogstens 'onaangenaam' en 'onplezierig'. Ze doen er goed aan zich af te vragen of het werkelijk zoveel erger zou zijn als ze nu zouden overlijden bij een vliegtuigramp dan over tien jaar aan longkanker. Een wel wat ver doorgevoerde manier van redeneren, die misschien wel in de Amerikaanse RET-traditie past, maar bij Nederlandse en Belgische lezers toch enige scepsis zal oproepen. Sommige rampen zijn echte rampen, en daar helpt geen hemeltjelief aan, ook niet de RET...

- *Doe juist de dingen waarvoor je zo bang bent.* Deze stap is heel erg belangrijk. Iemand met pleinvrees (of hoogtevrees, of claustrofobie) doet er volgens de RET goed aan juist zo veel mogelijk gelegenheden op te zoeken waarbij hij geconfronteerd wordt met zijn fobie. Hij doet er goed aan voor zichzelf na te gaan met welke negatieve *selftalk* hij zijn fobie in stand houdt en hij moet proberen die negatieve *selftalk* om te buigen in een positieve: 'Ik vind het moeilijk grote ruimtes over te steken (een hoog gebouw binnen te gaan, in de lift te staan), maar ik probeer het toch. Het zal me een keer lukken.' Volgens de RET doe je er goed aan voortdurend en krachtig tegen je irrationele angsten in te gaan. Als je vliegangst hebt, dan moet je juist gaan vliegen. Vermijdingsgedrag doet je angst alleen maar toenemen, dat is bijna een psychologische wet. Als je bang bent voor spinnen, dan moet je ze juist gaan opzoeken. Steeds moet je je daarbij realiseren dat je angst irrationeel is en dat je jezelf alleen maar bang maakt door op deze manier te blijven nadenken over spinnen (of honden, of vrouwen, of slangen enzovoort).
- *Trek je niets aan van het oordeel van anderen.* We hebben al gezien dat veel (sociale) fobieën worden veroorzaakt doordat je bang bent voor het oordeel dat anderen over je hebben. Uit onderzoek blijkt dat mensen niet zozeer bang zijn voor het maken van fouten als wel voor de afkeuring die ze zich daardoor op de hals kunnen halen. Je doet er dan ook goed aan je steeds te blijven realiseren dat het wel leuk is om aardig te worden gevonden, maar dat dat nooit een levensbehoefte mag zijn.
- *Neem het jezelf niet kwalijk dat je bang bent.* Realiseer je dat je niet zelf voor je angsten hebt gekozen. Schaamte slaat dus nergens op.

Hoogste tijd om even de aandacht te vestigen op een belangrijke bijdrage van de RET: het onderscheid tussen het primaire en het secundaire symptoom.

*Primaire en secundaire symptomen*

In de RET wordt er in dit verband een onderscheid gemaakt tussen een *primair* en een *secundair* symptoom. Met het primaire symptoom bedoelen we de klacht (de fobie) zelf, bijvoorbeeld podiumvrees of verlegenheid. We spreken van een secundair symptoom als je het jezelf kwalijk gaat nemen dat je bang of verlegen bent. Schuldgevoelens en schaamte zijn de klassieke voorbeelden van een secundair symptoom. Daarmee maak je er voor jezelf alleen maar nog een probleem bij en dat is volgens de RET volstrekt irrationeel. Het is onzin het jezelf kwalijk te nemen dat je bang voor iets of iemand bent of iets niet durft te doen. Je hebt toch niet vrijwillig gekozen voor je probleem? Als je een fobie hebt, dan is het op de eerste plaats van het grootste belang dat je *accepteert* dat je een fobie hebt.

- *Relativeer.* Volgens de RET is alles relatief en heeft alles een relatieve waarde, zelfs zaken als leven en dood. We hebben al gezegd dat elk mens eens moet sterven, dat is het enige 'heilige moeten' dat het leven kent. Wanneer of waarom de dood voor ons komt, weten we in de regel (gelukkig) niet. We weten alleen dat we er allemaal aan zullen moeten geloven. Het kan geen kwaad je er steeds van bewust te zijn dat de dood in wezen het enige definitieve in ons leven is. Al het andere is slechts van tijdelijke aard of het nu gaat om de opperste gelukzaligheid of de diepste ellende.
- *Neem het jezelf niet kwalijk als je fobie terugkomt.* In de praktijk is het vaak zo, dat een fobie zich niet zomaar laat verdrijven. Dat kost meestal heel wat kruim. De meeste fobieën (vooral de sociale!) zijn heel erg taai en ontstaan

sluipend. Heb je je fobie eenmaal overwonnen, dan doe je er goed aan rekening te houden met de mogelijkheid dat het onding bij tijd en wijlen wel weer eens de kop op kan steken. Vaak zal dat gebeuren als je geestelijk en lichamelijk niet in een goede conditie bent. Het is in zo'n geval beslist niet rationeel jezelf af te katten omdat je weer last krijgt van je oude vijand. Je bezorgt jezelf op die manier alleen maar een secundair symptoom en je ondermijnt daarmee je zelfvertrouwen. De gedachte 'zie je wel dat het me nooit zal lukken' is irrationeel en dient vervangen te worden door een gedachte als: 'De vorige keer is het me gelukt die fobie eronder te krijgen, nu zal me dat ook lukken.' Geef, met andere woorden, de moed nooit, maar dan ook echt nooit op!

# RET en depressies

**Onder een *depressie* verstaan we normaal gesproken een ziekelijke vorm van neerslachtigheid.** Een depressie is dan eigenlijk ook iets heel anders dan 'gewoon' verdriet of 'gewone' somberheid. We hebben in de paragraaf over de gezonde en ongezonde negatieve emoties gezien dat verdriet een gezonde negatieve emotie is – je accepteert je lot en gaat na wat je te doen staat – terwijl een depressie wil zeggen dat je je leven ervaart als een zinloze ramp waartegen je niets kunt ondernemen.
Een depressie is een heel beklemmende ervaring. Als je depressief bent, dan hoeft er in feite niets meer, je hebt nergens zin in. Eten smaakt je niet, je ligt het liefst in bed, je voelt je moe, down en lusteloos. De zin van het leven ontgaat je en het kan zelfs gebeuren dat je je steeds meer gaat bezighouden met gedachten aan de dood. Iedereen bestookt je met nietszeggende adviezen 'dat je flink moet zijn' en 'dat er toch zoveel moois op de wereld is' en al die praatjes maken je alleen maar wanhopiger en gedeprimeerder. Je wilt je wel beter, optimistischer en actiever voelen, maar je weet niet waar je de kracht vandaan moet halen.

Vooral de ochtenden zijn vaak ellendig: 'Hoe moet ik in 's hemelsnaam de dag doorkomen? Was het maar weer avond, dan kon ik gaan slapen.'
Omwille van de eenvoud gebruiken we in de navolgende tekst de term 'depressie', waarmee we dan overigens in veel gevallen 'depressieve gevoelens' bedoelen.
Uit het voorafgaande zal duidelijk zijn dat veel depressies gevoed worden door allerlei irrationele ideeën. Om welke irrationele ideeën gaat het dan? Eigenlijk om allemaal. Dat is, vanuit de RET bezien, ook logisch, omdat er bij alle irrationele ideeën sprake is van een 'dwangmatig moeten' en volgens de RET is deze dwangmatigheid de oorzaak van de meeste depressies. Let maar eens op. Laten we ter illustratie nog een paar irrationele ideeën op een rij zetten die kunnen leiden tot een depressie of depressieve gevoelens.

*Irrationeel idee nummer 1:*
***'Iedereen moet mij aardig vinden.'***

We hebben al gezien dat dit een onmogelijkheid is. Je doet er goed aan te accepteren dat sommige mensen nu eenmaal een hekel aan je hebben. Lukt je dat niet, dan loop je het risico van een depressie omdat je jezelf waardeloos gaat vinden. Een negatief zelfbeeld is misschien wel de meest voorkomende oorzaak van depressieve gevoelens!

*Irrationeel idee nummer 2:*
***'Ik mag geen enkele fout maken.'***

Ook dit is een onmogelijke eis die je aan jezelf stelt, want je bent en blijft tenslotte ook maar een mens. Je doet er beter aan je erbij neer te leggen dat ook jij niet perfect bent (en kunt zijn). Lukt je dat niet, dan loop je de kans depressief te raken omdat je jezelf een waardeloos figuur gaat vinden, zie eerder. Perfectionisme is ook een veelvoorkomende oorzaak van depressies en depressieve gevoelens.

*Irrationeel idee nummer 4:*
***'Alles moet gaan zoals ik dat wil.'***

Alweer een 'moeterige', dwangmatige onmogelijkheid. Er zullen nu eenmaal altijd dingen tegenzitten. Je doet er goed aan daar rekening mee te houden en je frustratietolerantie voldoende groot te houden, dan wel te oefenen. Ook een gebrek aan frustratietolerantie kan een depressie in de hand werken.

*Irrationeel idee nummer 6:*
***'Ik moet altijd rekening houden met allerlei soorten narigheid.'***

Van dit irrationeel idee word je ook niet vrolijk, zoals we al hebben gezien. Het is natuurlijk in orde als je verstandig met bepaalde risico's omgaat en je in bepaalde situaties voorzichtig opstelt, maar het voert te ver *alleen maar* rekening te houden met narigheid. Dit irrationeel idee leidt tot een somber en negatief wereldbeeld. Daar word je alleen maar depressief van.

*Irrationeel idee nummer 8:*
***'Ik stel eigenlijk niets voor.'***

Het is al duidelijk geworden dat een negatief zelfbeeld niet bevorderlijk is voor de stemming. Veel theorieën over het ontstaan van depressies gaan er zelfs van uit dat een negatief zelfbeeld de grote oorzaak is van de meeste depressies. Je doet er beter aan in te zien dat iedereen (dus ook jij) zijn kwaliteiten heeft en dat het de intentie is die telt, en niet zozeer de prestatie. Van jezelf afkatten word je niets wijzer. Dat leidt er alleen maar toe dat iedereen een hekel aan je krijgt.

*Irrationeel idee nummer 9:*
***'Mijn leven wordt helemaal bepaald door mijn verleden.'***

Een heel gevaarlijke gedachte, omdat je, als je narigheid hebt meegemaakt, gemakkelijk tot de conclusie kunt komen dat het leven (de toekomst) niets positiefs meer voor je in petto heeft. En dat kun je natuurlijk nooit zeggen, om de eenvoudige reden dat niemand in de toekomst kan kijken. Bovendien is het niet zo dat je verleden het heden bepaalt, maar hooguit de manier waarop jij tegen dat verleden aankijkt. Aan het verleden zelf kun je niets veranderen, wel aan de manier waarop je tegen dat verleden aankijkt. Een andere gevaar van irrationeel idee nummer 9 is dat het verschijnsel van de *aangeleerde hulpeloosheid* een rol kan gaan spelen. Als je het irrationele idee hebt dat het toch allemaal niet uitmaakt wat je doet, dat toch alles verkeerd uitpakt, dan kun je gemakkelijk vervallen tot apathie. Dan doe je dus helemaal niets meer en zit je thuis alleen maar op de bank voor je uit te staren en soaps te kijken. Wat ook alweer depressies in de hand kan werken.

In al deze voorbeelden zien we hoe het 'heilige moeten' er de oorzaak van kan zijn dat je jezelf waardeloos gaat vinden, waardoor je in een depressie verzeild kunt raken. Voeg daarbij dan ook nog eens een negatief wereld- en toekomstbeeld, en het risico wordt alleen maar groter.
In de meeste gevallen is het vrij duidelijk waarom je depressief bent geraakt. Vaak is de oorzaak een bepaalde gebeurtenis die je erg sterk heeft aangegrepen. Denk bijvoorbeeld aan het stuklopen van een relatie, het verlies van een baan, het overlijden van een dierbare of de mededeling dat je ernstig, misschien wel dodelijk ziek bent. Pijnlijke zaken allemaal. Maar met die wetenschap ben je nog niet verlost van je depressie. Daarvoor ga je eerst weer op zoek naar je irrationele ideeën, waarvan we er hier enkele hebben be-

schreven. Laten we ook hier eens naar een aantal uitgewerkte voorbeelden kijken.

## Een verbroken relatie

*Stel dat je van je partner te horen krijgt dat zij de relatie wil verbreken. Ze heeft er lang over nagedacht en is tot de conclusie gekomen dat met elkaar verdergaan geen zin heeft. Ze vertelt je dat ze al sinds een half jaar verliefd is op iemand anders en dat ze zolang mogelijk heeft geprobeerd de relatie met jou te redden. Het heeft niet mogen baten, ze voelt te veel voor die ander. Ze zegt het je nu allemaal pas, omdat ze je gevoelens heeft willen sparen.*
*Een donderslag bij heldere hemel, want je had juist het idee dat de relatie alleen maar beter werd. Je voelt je langzaam maar zeker wegzakken. Je hield en houdt nog steeds zielsveel van je vriendin en je wilt haar geluk niet in de weg staan. Je eet niet meer, slaapt slecht en ziet het allemaal niet meer zitten. Je (ex-)vriendin komt nog regelmatig langs en vertelt je 'dat je toch zo'n fijne, begripvolle jongen bent' en 'dat we toch nog altijd vrienden kunnen blijven?'*
*Het gaat steeds slechter met je. Je bent kilo's afgevallen, eet niet of nauwelijks, maar rookt en drinkt des te meer. Herinneringen aan je ex beheersen je gedachten. Je denkt dat het leven zonder haar geen zin meer heeft. Je weet zelf ook wel dat er nog genoeg andere vrouwen zijn, maar voor jou hoeft dat allemaal niet meer. Je bent er letterlijk en figuurlijk doodmoe van geworden en je wordt zelfs bang van jezelf: stel je voor dat je zover wegzakt, dat je 'domme dingen' gaat doen?*

Tja, wat moet je in zo'n geval? Jezelf als een soort Baron van Münchhausen aan je eigen haren uit het moeras omhoogtrekken? Daar heb je nu toch helemaal geen zin meer in? Waar moet je in 's hemelsnaam de energie vandaan halen?

Depressies en depressieve gevoelens staan bekend om hun taaiheid en weerbarstigheid. Aanvankelijk praat iedereen op je in, maar het interesseert je in wezen geen bal wat ze allemaal zeggen. Voor jou hoeft het allemaal niet meer. Na verloop van tijd houdt iedereen z'n mond en gaan ze je zien als een 'hopeloos geval'. Je isolement wordt met de dag groter, maar ook dat interesseert je niet meer. Daardoor kan er inderdaad de gevaarlijke situatie ontstaan dat je jezelf 'per ongeluk' of met opzet iets aandoet.
Het is duidelijk dat je jezelf flink in de nesten hebt gewerkt. Je hebt het voor elkaar gekregen je negatieve denksysteem op zo'n manier sluitend te maken dat er geen enkele uitweg meer mogelijk lijkt. Wat je niet meer in de gaten hebt, is dat je manier van denken steeds irrationeler is geworden. Je hebt niet meer in de gaten dat heel je denken doordrongen is van de irrationele vooronderstelling dat je alleen samen met je ex-vriendin een gelukkig leven zult kunnen hebben. Je eist in feite dat ze bij je blijft, ook al zeg je dat niet. Je vindt eigenlijk dat ze je niet in de steek mag laten, dat ze niet op iemand anders verliefd mag worden. Al deze gedachten zijn irrationeel. Want er staat nergens geschreven dat deze vriendin de enige is met wie je gelukkig zult kunnen worden. Er staat nergens geschreven dat ze niet verliefd op een ander kan en mag worden.
Natuurlijk, het is allemaal heel verdrietig en pijnlijk wat er is gebeurd. Dat kan en zal niemand ontkennen. Maar dat betekent nog niet dat je daardoor je hele verdere leven maar voor gezien moet houden. Ook jij weet niet wat de toekomst je nog zal brengen. Het is irrationeel ervan uit te gaan dat er geen verbetering in je situatie kan komen. Je doet er beter aan je te realiseren en te accepteren dat menselijke emoties veranderlijk zijn. Relaties waarbij de partners elkaar 'eeuwig' trouw blijven en van elkaar blijven houden tot de dood erop volgt, zijn natuurlijk hartverwarmend, maar ze vormen in de praktijk toch de uitzondering

op de regel: ontzettend veel relaties en huwelijken houden op termijn geen stand.

Je doet er dan ook beter aan het leven te accepteren zoals het is. In elk mensenleven doet zich verdriet voor en het is irrationeel te verlangen dat alle ellende aan jouw deur voorbij zal gaan. Je kunt elke klap die je in je leven te verwerken krijgt natuurlijk opvatten als een aanslag op je geluk. Klopt. Aan de andere kant is het mogelijk om elke klap op te vatten als een uitdaging, als een fase waarin je jezelf weer sterker kunt maken.
Als je je depressief voelt, dan gaan lichaam en geest op een laag pitje functioneren. Het is dan ook van het grootste belang beide weer op peil te brengen, ook al heb je daar totaal geen zin in. Geestelijk kun je dat doen door jezelf via de RET als het ware te herprogammeren. Relativeren is daarbij een belangrijk hulpmiddel. Realiseer je dat je een (pijnlijke) *fase* doormaakt en dat zo'n fase van voorbijgaande aard is. Hoelang zo'n fase duurt, hangt onder meer af van je geestkracht. Die zal aanvankelijk natuurlijk niet zo groot zijn, maar geef in geen geval toe aan de neiging tot apathie. Zoek zoveel mogelijk afleiding, praat met mensen, zoek nieuwe activiteiten.
Op lichamelijk gebied zou je er goed aan doen (meer) te gaan sporten. Vooral duursport kan effectief zijn om depressieve gevoelens de kop in te drukken doordat daarbij endorfine in de hersenen wordt aangemaakt, een werkzaam antidepressivum. Waar het vooral om gaat, is dat je deze activiteiten onderneemt, ook al heb je daar geen enkele zin in. We hebben het hier dus over discipline en doorzettingsvermogen. De zin komt later wel. Echt waar!

## Rouw

Voor alle duidelijkheid: niet iedere vorm van rouw is hetzelfde als een depressie. Het is heel normaal als je een tijdlang verdrietig en van de kaart bent als je een dierbare verliest. Aan rouw dient echter na verloop van tijd een einde te komen, anders heb je geen leven meer. In Nederland gaan hulpverleners er in het algemeen vanuit dat rouw (normaal verdriet) pas een depressie wordt als deze langer dan anderhalf jaar duurt. Het onderscheid tussen 'normale' en ziekelijke rouw valt echter niet scherp te maken.

*De moeder in kwestie had de gewoonte haar dochtertje elke ochtend naar de basisschool te brengen. Op zekere dag kwam haar dat door tijdgebrek niet zo goed uit en besloot ze haar kind alleen te laten gaan. Sommige andere moeders lieten hun kinderen ook alleen naar school gaan, dus dat moest onderhand wel kunnen, dacht ze. Ze drukte haar dochtertje nog eens op het hart dat ze goed moest uitkijken bij het oversteken en stuurde haar naar school.*
*Twintig minuten later werd er aan de deur gebeld. Het was iemand van de politie die haar vertelde dat haar dochtertje een ongeluk had gekregen. Een automobilist was de macht over het stuur kwijtgeraakt en was het trottoir op gereden. Daarbij had hij haar dochtertje aangereden. Hij vroeg haar zo snel mogelijk met hem mee te gaan naar het ziekenhuis omdat de situatie ernstig was. Toen de moeder in het ziekenhuis aankwam, bleek haar dochtertje al te zijn overleden. De klap kwam uiteraard enorm hard aan. De moeder was wanhopig en radeloos. Ze was er vast van overtuigd dat ze deze ramp nooit te boven zou komen. Met haar kind was ze zelf ook voor een groot deel gestorven. Ze nam het zichzelf kwalijk dat ze haar dochtertje alleen naar school had laten gaan. Ze had het gevoel dat ze door dit ongeluk gestraft werd voor haar gemakzucht. Ze had beter moeten weten. Ze*

*durfde haar man niet meer onder ogen te komen, omdat ze er vast van overtuigd was dat deze haar de dood van hun dochtertje kwalijk nam.*

Misschien is het verliezen van je kind wel het ergste wat je kan overkomen. Een kind is een deel van jezelf en het is dus heel invoelbaar dat je het idee hebt dat je leven stopt op zo'n moment. En toch moet je verder, met jezelf, met je man en met eventuele andere kinderen. Maar hoe kun je verder? De meest ondermijnende irrationele gedachte bij een depressie is de gedachte (vaak zelfs de overtuiging) dat je er nooit meer uit zult komen. Ook deze moeder was er vast van overtuigd dat ze deze klap nooit meer te boven zou komen. Een begrijpelijke, maar geen rationele gedachte. Om de een of andere reden (overlevingsinstinct?) blijken mensen in staat om de meest gruwelijke gebeurtenissen te overleven: ziekten, hongersnoden, concentratiekampen, folteringen en vernederingen. Het blijkt dat de mensen die zich het best door zo'n fase heen slaan, hun geest eigenlijk voortdurend op de toekomst hebben gericht, eigenlijk dus een soort van time-projection toegepast hebben. Ze hebben gedachten als: 'straks, als dit allemaal voorbij is' of: 'straks, als ik weer beter (vrij) ben'. Deze *survivors* blijken bovendien in staat te zijn hun situatie te relativeren. Ze overzien hun leven als het ware en zien de relativiteit van leven en dood in. Want dood moeten we allemaal. Dat is het enige wat echt moet, zoals we al hebben besproken.

De moeder in dit voorbeeld maakte zichzelf door haar manier van denken machteloos en krachteloos: ze zou de klap toch nooit te boven komen. Ze dompelde zichzelf in een diepe rouw, isoleerde zich van de buitenwereld en had het gevoel dat ze het niet verdiende verder te leven. Nogmaals, invoelbare reacties allemaal, maar ook irrationele. Zo is het irrationeel van haar te denken dat het haar schuld

is dat haar kind is overreden. Ze kan toch ook niet alles voorzien en met elke mogelijke narigheid rekening houden (denk aan irrationeel idee nummer 6)? Als je ervan uit moet gaan dat elk moment een automobilist de macht over het stuur kan verliezen, dan heb je geen leven meer.
Het is ook irrationeel van haar te denken dat ze deze klap nooit meer te boven zal komen. Dat gevoel heeft ze *nu* wel, maar ze weet niet hoe ze zich *in de toekomst* zal gaan voelen. Irrationeel is ook haar gedachte dat ze het eigenlijk niet verdient verder te leven, dat het ongeluk een straf voor haar is. Ze heeft geen groter risico genomen dan andere moeders in haar positie. Eens is er toch een eerste keer dat ze haar kind alleen naar school laat gaan.

We hebben hier slechts twee voorbeelden van een gebeurtenis A beschreven die door een bepaalde irrationele manier van denken (de iB's) tot een depressie en depressieve gevoelens (C) kunnen leiden. Depressies en depressieve gevoelens kunnen, zoals gezegd, door veel verschillende oorzaken ontstaan en in hevigheid flink variëren. Om je een idee te geven van hoe het er met jouw depressieve gevoelens voorstaat, volgt hier een test die je daarin enig inzicht kan geven.

## De Zung-zelfbeoordelingsschaal voor depressies en depressieve gevoelens

*Instructie*

Omcirkel een cijfer achter elke uitspraak om aan te geven of een bepaalde uitspraak op jou van toepassing is geweest gedurende de afgelopen week. Omcirkel:

1 – als je het gevoel hebt dat de uitspraak *helemaal niet* op je van toepassing is geweest;

2 – als je van mening bent dat de uitspraak *soms* van toepassing is geweest;

3 – als je van mening bent dat de uitspraak *meestal* op je van toepassing is geweest;

4 – als je denkt dat de uitspraak *voortdurend* op je van toepassing is geweest.

| | | | | |
|---|---|---|---|---|
| • Ik voel me down en bedroefd | 1 | 2 | 3 | 4 |
| • 's Morgens voel ik me het best | 4 | 3 | 2 | 1 |
| • Ik heb huilbuien, of zou wel willen huilen | 1 | 2 | 3 | 4 |
| • Ik slaap slecht | 1 | 2 | 3 | 4 |
| • Ik eet net zoveel als vroeger | 4 | 3 | 2 | 1 |
| • Ik vind kijken naar, praten met aantrekkelijke mannen of vrouwen leuk | 4 | 3 | 2 | 1 |
| • Het valt me op dat ik gewicht verlies | 1 | 2 | 3 | 4 |
| • Ik heb last van verstopping | 1 | 2 | 3 | 4 |
| • Mijn hart slaat sneller dan normaal | 1 | 2 | 3 | 4 |
| • Ik word zonder enige reden moe | 1 | 2 | 3 | 4 |
| • Ik denk nog net zo helder als vroeger | 4 | 3 | 2 | 1 |
| • Ik kan alles nog even gemakkelijk doen als vroeger | 4 | 3 | 2 | 1 |
| • Ik ben rusteloos en kan niet stilzitten | 1 | 2 | 3 | 4 |
| • Ik ben hoopvol gestemd over de toekomst | 4 | 3 | 2 | 1 |
| • Ik raak sneller geïrriteerd dan vroeger | 1 | 2 | 3 | 4 |
| • Ik kan gemakkelijk besluiten nemen | 4 | 3 | 2 | 1 |
| • Ik heb het gevoel dat ik nuttig en nodig ben | 4 | 3 | 2 | 1 |
| • Mijn leven is aardig gevuld | 4 | 3 | 2 | 1 |
| • Ik heb het gevoel dat anderen beter af zouden zijn als ik dood was | 1 | 2 | 3 | 4 |
| • Ik heb nog net zo'n plezier in de dingen als vroeger | 4 | 3 | 2 | 1 |

totaalscore =

De interpretatie van de score:
- een score tussen de 20 en 40 punten: er is geen sprake van een depressie of van depressieve gevoelens.
- een score tussen de 41 en 47 punten: er is sprake van een lichte mate van depressie en/of depressieve gevoelens.
- een score tussen de 48 en 55 punten: er is sprake van een depressie.
- een score tussen de 56 en 80 punten: er is sprake van een forse depressie.

## Manieren om een depressie en depressieve gevoelens aan te pakken

Als uit de test gebleken is dat je gevoelens aan de depressieve kant zijn, dan doe je er goed aan actie te ondernemen. We geven hier enkele tips (naast de reeds genoemde) die je daarbij kunnen helpen.

- *Blijf zo veel mogelijk over je gevoelens praten.* Trek je niet uit schaamte of wanhoop in jezelf terug. Schaamte en wanhoop zijn irrationele, ongezonde emoties die tot niets leiden. Het zijn voorbeelden van secundaire symptomen en we hebben al gezien dat je die zo snel mogelijk achter je moet laten.

  Veel rationeler is het van jezelf te accepteren dat het leven op dit moment zijn glans voor je heeft verloren. Praat daarover met vrienden, doorbreek je neiging om je te isoleren. Van de andere kant: probeer te voorkomen dat je gedachten steeds in cirkels rondgaan. Blijf niet steeds dezelfde gedachten herhalen. Zoek in dat geval afleiding.
- *Vergeet niet dat een depressie een tijdelijke aangelegenheid is.* Het is irrationeel ervan uit te gaan dat je je nooit meer beter zult gaan voelen omdat je je *nu* zo diep ellendig voelt. Maak niet de irrationele fout dat je je toekomst door je verleden laat bepalen. Je weet wel: 'Deze dag is de eerste dag van de rest van je leven.' Een dooddoener misschien, maar de

meeste dooddoeners zijn gewoon waar. Ook de uitspraken 'tijd heelt alle wonden' en 'tijd slijt' klinken misschien als clichés , maar het zijn allebei waarheden als een koe.

- *Blijf jezelf goed verzorgen.* Het is irrationeel ervan uit te gaan dat 'het er nu toch allemaal niets meer toe doet'. Juist in een periode van depressie kun je jezelf sterker maken voor de toekomst. Zorg ervoor dat je goed eet en slaapt. Blijf je ook uiterlijk goed verzorgen, ook al staat je hoofd daar helemaal niet naar. Zie dergelijke inspanningen als een investering in de toekomst.
- *Probeer zo actief mogelijk te blijven.* Passiviteit en apathie kunnen in geval van een depressie letterlijk en figuurlijk dodelijk zijn. Zorg voor zo veel mogelijk activiteit en beweging op. Ga sporten en maak je lichaam moe. Je wordt daardoor sterker, ook en vooral in geestelijk opzicht.
- *Neem het jezelf niet kwalijk dat je depressief bent.* Het is irrationeel jezelf een slappeling te vinden omdat je depressief geworden bent. Je creëert er op die manier alleen maar een nieuw probleem bij. Vergeet nooit dat jij ook maar een mens bent, met alle kwetsbaarheid van dien. Iedereen heeft er recht op bij tijd en wijle kopje onder te gaan. Als je maar zorgt dat je weer boven komt.
- *Praat met anderen over eventuele plannen om jezelf iets aan te doen.* Als je lang depressief blijft, dan kan de gedachte aan zelfdoding in je opkomen. Niemand kan je dat verbieden en als je dat per se wilt, dan kan niemand je zelfs tegenhouden. Onderzoek wijst echter uit dat de meeste mensen die een zelfmoordpoging hebben gedaan als reactie op een bepaalde nare gebeurtenis, op het laatste moment spijt hadden van hun poging. Ze handelden in een impuls. Probeer daaraan te denken en ga met iemand praten, praten en nog eens praten. Die iemand hoeft helemaal niet altijd een officiële hulpverlener te zijn. Een gesprek met een goede vriend of vriendin, of met je ouders, broer of zus kan wonderen verrichten.

# RET en verslavingen

**Meer en meer mensen over de hele wereld raken verslaafd aan allerlei middelen.** In het Westen hebben we voornamelijk te maken met de verslavingen aan drugs, alcohol, nicotine en medicijnen, hoewel gok-, seks- en gameverslaving ook hand over hand lijken toe te nemen. Wanneer moeten we nu eigenlijk spreken van een 'verslaving'? In principe is het zo, dat je verslaafd bent aan een bepaalde stof (of aan een bepaalde activiteit), wanneer je je erg onprettig of zelfs ziek gaat voelen als je die stof niet gebruikt of als die activiteit niet kunt uitvoeren. Het zal duidelijk zijn dat alle verslavingen een sterke dwangmatigheid in zich hebben en volgens de RET is dwangmatigheid altijd irrationeel.
Als je verslaafd bent, zijn er twee mogelijkheden: of je geeft dat toe aan jezelf en de mensen om je heen of je probeert je verslaving kost wat kost te verbergen. In het eerste geval zul je aanmerkelijk minder moeite hebben om van je verslaving af te komen, omdat je niet ook nog eens opgescheept zit met de spanning van ontdekking. Die spanning zorgt er namelijk voor dat je nog meer van een bepaalde stof of activiteit nodig hebt om je redelijk rustig te voelen.

De ellende met een verslaving is dat deze je hele leven gaat beheersen. Als junk ben je voortdurend met je volgende shot bezig: 'Hoe kom ik eraan?', 'Waar haal ik het geld vandaan?' Als je verslaafd bent aan alcohol, dan draait je hele leven om het voorkomen van ontwenningsverschijnselen. Als je verslaafd bent, leef je, met andere woorden, in een heel beperkt wereldje.
Een kernbegrip in verband met verslavingen is de LFT, de lage frustratietolerantie. Mensen die verslaafd zijn geraakt, kunnen er over het algemeen maar slecht tegen dat ze zich niet goed voelen. Ze zijn nauwelijks bestand tegen geestelijke en lichamelijke ongemakken en hebben een sterke neiging deze ongemakken meteen uit de weg te ruimen door toe te geven aan hun verslaving. Dat roept in hun omgeving nogal eens de reactie op van 'wat een slappeling', waardoor de verslaafde zich nog meer onder druk gezet voelt en zich nog meer gaat schamen (secundair symptoom) dan hij al doet.
Irrationele ideeën vinden we bij mensen die verslaafd zijn in overvloed. We zetten er hier een aantal op een rij.

*Irrationeel idee nummer 4:*
***'Ik kan er absoluut niet tegen als dingen tegenzitten.'***

Verslaving en een LFT gaan hand in hand, hebben we al gezien. Als je van jezelf het idee hebt dat je niet bestand bent tegen problemen, dan zullen deze ook extra hard aankomen. Je voelt je dan weerloos en probeert jezelf sterker ('onkwetsbaar') te maken door een bepaalde stof in te nemen. Een irrationele gedachte, omdat alle verslavingsmiddelen je op de lange duur alleen maar geestelijk en lichamelijk zwakker maken. Bovendien ga je er bij irrationeel idee nummer 4 van uit dat je ergens niet tegen kunt zonder dat je dat uitprobeert. Als je in het verleden ergens niet tegen kon, dan hoeft dat nog niet te betekenen dat je daar nu ook niet tegen zult kunnen. Geloof in je eigen kracht, ook al is die soms letterlijk ver te zoeken!

*Irrationeel idee nummer 8:*
***'Ik ben volledig afhankelijk van alcohol (drugs, medicijnen, enz.). Zonder dat spul kan ik niets.'***

Als je *denkt* dat je verslaafd bent, dan *ben* je in wezen ook verslaafd. Als je jezelf maar goed wijsmaakt dat je je beroerd zult gaan voelen als je een bepaalde stof niet kunt gebruiken, dan kun je er donder op zeggen dat je je ook beroerd gaat voelen. Je kunt jezelf op deze manier een complete angstaanval aanpraten. Een irrationele manier van denken natuurlijk, omdat je eerst maar eens moet uitproberen hoe je je voelt zonder al die troep in je lichaam. Inderdaad: de eerste dagen knap beroerd, omdat je lichaam allerlei ontwenningsverschijnselen gaat vertonen. Maar deze zijn niet meer dan ze zijn: narigheden van tijdelijke aard. Na een dag of vijf voel je je al een stuk beter en sterker. Het is ook hier weer je LFT die je grootste vijand is!

Uiteraard is het bij dit alles ook noodzakelijk dat je iets doet aan je sociale wereld. Hulpverleners en verslaafden zijn maar al te bekend met het feit dat afkicken op zichzelf nog wel te doen is, maar weinig zoden aan de dijk zet als je je leven en levenspatroon niet ingrijpend wijzigt. Het relatief hoge percentage van terugval is voornamelijk te wijten aan het gegeven dat mensen die afgekickt zijn, opnieuw terechtkomen in hun oude omgeving, waarin niets is veranderd. Een verslaving valt dan ook alleen maar goed te bestrijden als je die op twee fronten tegelijk aanpakt. Vermijd dus 'slecht' gezelschap en een slechte omgeving!

*Irrationeel idee nummer 9:*
***'Eens verslaafd, altijd verslaafd.' (Mijn leven wordt bepaald door mijn verleden)***

Dit is zo ongeveer wel de meest irrationele en demotiverende gedachte die je, als je verslaafd bent geraakt, kunt hebben. Want als je zo denkt, dan kun je alle hoop wel laten varen. Die gedachte slaat ook nergens op, omdat wetenschappelijk nog nooit is aangetoond dat mensen, eenmaal verslaafd, hun hele leven lang verslaafd moeten blijven.
Elke verslaving aan een bepaalde stof heeft twee aspecten: een lichamelijk en een geestelijk aspect. De lichamelijke verslaving is in de regel snel te doorbreken. Dat is eigenlijk nooit het probleem. Veel moeilijker is het opheffen van de geestelijke verslaving. Daarvoor is veel wilskracht en doorzettingsvermogen nodig. Moeilijk dus, maar niet onmogelijk.

*Irrationeel idee nummer 2:*
***'Ik ben een waardeloos figuur omdat ik verslaafd ben.'***

Ook deze gedachte is om verschillende redenen irrationeel. Zo gaat het bijvoorbeeld niet aan om jezelf als persoon de grond in te boren omdat je verslaafd bent geraakt. Je bent en blijft tenslotte altijd meer dan je verslaving. Je bent altijd meer dan 'de alcoholist' of 'de junk' of 'de gokverslaafde'. Vergeet nooit dat drinken, slikken, spuiten, snuiven of gokken dingen zijn die je *doet*, niet die je *bent*. De gedachte is bovendien irrationeel omdat je op die manier jezelf opzadelt met een secundair symptoom. Dit secundaire symptoom is in geval van verslavingen berucht. De meeste verslaafden vinden zichzelf bijvoorbeeld een slapjanus, waardoor ze een hekel aan zichzelf krijgen, waardoor ze nog meer gaan drinken, spuiten, snuiven enzovoort. Een secundair symptoom verergert de verslaving dus alleen maar.

We geven hier een voorbeeld van een verslaving. We zullen zien hoe de persoon in kwestie door zijn irrationele manier van denken van kwaad tot erger vervalt. We geven tegelijk aan hoe het anders zou kunnen.

***Verslaafd aan gokken***

*Rick is een jongeman van 22 jaar. Hij is vanaf zijn zestiende verslaafd aan gokken. Dat is begonnen toen hij en zijn medescholieren er een gewoonte van gingen maken om de middagpauze in een plaatselijke snackbar door te brengen. Daar stonden enkele van die* one-armed bandits *(fruitautomaten) opgesteld. Voor de gein heeft Rick toen zijn geluk geprobeerd. En zoals dat zo vaak gaat met die dingen, hij won, en nog flink ook. Dus nog maar eens een paar keer geprobeerd en (helaas) meestal met succes. Natuurlijk, hij verloor ook wel eens wat, maar per saldo bracht hij het er nog niet zo slecht vanaf. Geleidelijk aan bemerkte hij dat zijn gedachten meer en meer beheerst raakten door die stomme apparaten. Vooral als hij zich niet goed voelde of gespannen was, werd de neiging om te gaan gokken erg sterk. Het leek wel of die gokkast als een soort uitlaatklep voor al zijn spanningen en frustraties ging fungeren. Elke vorm van narigheid (de A van aanleiding) leidde tot gokken (de C van consequentie) door zijn irrationele manier van denken (iB's): 'Ik voel me niet goed, dus moet ik gokken.'*

*Het gokken zelf ging na verloop van tijd meer geld kosten dan het opbracht. Want zo zijn die kasten nu eenmaal ingesteld. En zoveel geld had Rick als eenvoudige scholier niet. Hij knapte allerlei klusjes op om aan het benodigde geld te komen. Na verloop van tijd begon hij echter ook te stelen. Aanvankelijk beperkte Rick zich ertoe geld uit de portemonnee van zijn moeder te nemen. Toen dat niet meer voldoende was, 'leende' hij regelmatig de giromaatpas van zijn moeder. Ontdekking kon natuurlijk niet uitblijven. Gevraagd naar de reden van zijn gedrag, vertelde Rick dat hij dat geld nodig had gehad om een vriend te helpen die ernstig*

*in de problemen zat. Rick kreeg het voordeel van de twijfel. Toen na verloop van tijd bleek dat er steeds grotere bedragen verdwenen, namen zijn ouders maatregelen. Rick was toen inmiddels achttien jaar oud. Hij werd op advies van de huisarts naar de CAD, het Consultatiebureau voor Alcohol en Drugs, gestuurd, afdeling gokverslavingen. Rick werkte daar echter niet mee: hij vond dat er eigenlijk helemaal geen sprake was van een probleem, dat 'men' niet zo moeilijk moest doen en dat 'men' hem met rust moest laten. In werkelijkheid schaamde hij zich dood dat het zover met hem gekomen was. De enige houding die hij wist aan te nemen, was die van een volledige ontkenning van de problemen. Na enkele pogingen gaven de hulpverleners van het CAD het op: 'Rick is niet voldoende gemotiveerd.' Van toen af is het snel bergafwaarts gegaan met hem. Hij ging voortijdig van school, zocht een baantje en ging op kamers wonen. Het contact met zijn ouders werd steeds slechter, zijn vriendin liet hem zitten. Rick zocht voor al deze frustraties steeds vaker troost bij de kast. Inmiddels is hij 'opgeklommen' tot een bekend gezicht in de plaatselijke gokwereld. Iedereen kent hem daar nu, zoals Rick alle kasten in de omgeving kent. Van elke kast kent hij de eigenaardigheden en mogelijkheden. Het gokken is een dagvulling en een obsessie voor hem geworden. Drie kwartier voor openingstijd van de gokhal loopt Rick voor de deur te ijsberen, fantaserend over de 'superwinst' die (dat weet hij zeker) vandaag eindelijk zal komen. Met deze 'superwinst' denkt hij in één klap al zijn schulden en afgangen ongedaan te maken.*
*Zijn sociale leven is kapot, zijn zelfrespect naar de knoppen en van de toekomst heeft hij niets meer te verwachten. Dus maakt het voor zijn gevoel ook niet meer uit wat hij doet en dus kan hij net zo goed blijven gokken.*

Een triest, maar helaas waar gebeurd verhaal, dit verhaal van Rick. Zelf ziet hij geen enkele oplossing meer en dat komt vooral door zijn manier van denken. Die is irrationeel, omdat hij ervan uitgaat dat hij zichzelf niet (meer) kan

veranderen en dat is figuurlijk – en in vele gevallen helaas ook letterlijk – een dodelijke gedachte.
Veel rationeler zou het zijn als Rick zich realiseerde:

- dat er nergens staat geschreven dat een gokverslaving 'levenslang' betekent;
- dat hij zichzelf zwak maakt als hij zich als een hopeloos geval ziet;
- dat schaamte een ongezonde negatieve emotie is die alleen maar leidt tot de vorming van een secundair symptoom;
- dat afkicken van een gokverslaving wel moeilijk is, maar niet onmogelijk;
- dat heel veel mensen erin geslaagd zijn van zo'n verslaving af te komen – waarom hij dan niet?
- dat waar een wil is, ook *altijd* een weg is;
- dat zijn familie en zijn vrienden wel degelijk van hem houden, maar dat ze het niet kunnen aanzien dat hij zichzelf te gronde richt; daarom, en om geen andere reden, mijden ze hem;
- dat hij, als hij zijn verslaving onder de knie heeft gekregen, als een sterker en wijzer mens uit de strijd te voorschijn zal komen;
- dat afkicken in fasen gaat; dat het geen ramp is als je een keer terugvalt in je oude gewoonte, als je je doel maar voor ogen blijft houden: je verslaving onder de knie krijgen;
- dat hij andere manieren kan aanleren om met zijn spanningen en frustraties om te gaan.

We zijn wat uitgebreider stil blijven staan bij deze geschiedenis van Rick (die er overigens met behulp van de RET in geslaagd is zijn verslaving onder de knie te krijgen) omdat zijn verhaal alle elementen bevat die bij de meeste verslavingen een rol spelen. Als zodanig is zijn verhaal representatief voor elke vorm van verslaving. Geen enkele alcoholverslaafde of junk gaat prat op zijn verslaving. Mensen die verslaafd zijn geraakt, proberen dat in de regel voor de buitenwereld verborgen te houden. Ze hebben vrijwel allemaal een zeer negatief zelfbeeld en zijn vrijwel allemaal erg wanhopig (het aantal zelfdodingen onder verslaafden ligt erg hoog).

Tot slot van dit onderdeel nog enkele algemene wenken als je je verslaving serieus wilt aanpakken.

## Enkele wenken om een verslaving aan te pakken

- *Ga voor jezelf zo precies mogelijk na hoe je A-B-C-systeem in elkaar zit.*
- *Probeer zo duidelijk mogelijk in beeld te brengen onder welke omstandigheden, door welke aanleidingen je steeds gaat drinken (spuiten, gokken enz.).* Wat zijn de A's in jouw geval? Zijn dat bepaalde vrienden die je onder druk zetten om mee te doen? Zijn dat bepaalde gelegenheden, kroegen enzovoort? Vermijd deze 'vrienden' en gelegenheden dan. Zijn het bepaalde negatieve gevoelens, zoals gevoelens van frustratie, van minderwaardigheid? Ga na waardoor deze gevoelens worden veroorzaakt en wat je ertegen kunt doen.
- *Ga na wat je precies denkt, vlak voordat je je wilt gaan overgeven aan je verslaving:* 'Het interesseert me allemaal geen barst meer.'; 'Ik heb na al die ellende wel weer 'ns wat verdiend.'; 'De wereld is zo slecht, daar kan ik niet meer tegen.'; 'Nou vooruit, nog eentje dan.'; 'Ik ben toch al de klos, dus wat maakt het allemaal uit?' Realiseer je dat al deze gedachten irrationele gedachten zijn die gevoed worden door je LFT, je lage frustratietolerantie.
- *Laat je omgeving weten dat je serieus wilt stoppen met je verslaving.* Praat daarover zo veel mogelijk met de juiste mensen, vooral op de momenten dat je het moeilijk hebt. Je zult merken dat ze je op een geweldige manier kunnen steunen.

- *Kijk niet terug naar het verleden.* Sta niet stil bij alle dingen die je gedaan hebt. Je gaat je dan alleen maar schamen en gefrustreerd voelen en daar schiet je niets mee op. Concentreer je op de toekomst, een toekomst zonder verslaving.

# RET en relationele problemen

**Op de volgende pagina's staan we uitgebreid stil bij de problemen die zich kunnen voordoen wanneer mensen min of meer intiem met elkaar omgaan.** Deze omgang (in de vorm van een relatie, een huwelijk of een vriendschap) kan nogal wat problemen opleveren omdat mensen zo verschillend zijn. Iedereen heeft zo zijn eigen wensen, voorkeuren en verlangens en zou graag zien dat de partner (de collega) rekening hield met deze wensen en verlangens. In veel gevallen gebeurt dat inderdaad en kunnen we spreken van een harmonieuze relatie. In andere gevallen doen zich allerlei problemen voor, die vaak veroorzaakt blijken te worden door de manier waarop de mensen over zichzelf en de ander nadenken.

Het is uiteraard niet mogelijk om alle relationele problemen uitgebreid te belichten. We hebben daarom een keuze gemaakt uit die problemen die het meest frequent lijken voor te komen. Aan de orde komen zaken als ruzies, jaloezie en diverse seksuele problemen. Steeds zullen we de irrationele

ideeën opsporen die ten grondslag liggen aan veel van deze problemen en gaan we na wat de rationele alternatieven zouden kunnen zijn.
We beginnen met een probleem waarmee bijna iedereen in meer of mindere mate bekend is: ruzie.

## Ruzie

Op z'n tijd ruzie binnen een relatie is de normaalste zaak van de wereld. Sterker nog: als je *nooit* eens ruzie hebt met je partner, dan is er waarschijnlijk iets aan de hand. Van de andere kant is het ook weer niet de bedoeling om *altijd* of bij de geringste aanleiding elkaar in de haren te vliegen. Want ook dan is er iets aan de hand. Mensen die niet tegen ruzies kunnen, zullen het in hun relaties (met partners, collega's, familieleden) vaak moeilijk hebben. In elke relatie zullen zich vroeger of later nu eenmaal meningsverschillen voordoen, over grote zaken en kleine zaken. Dat hoort erbij, want in vrijwel elke relatie kunnen zich tegengestelde belangen, dan wel niet of moeilijk te combineren verlangens en wensen voordoen. Relaties waarin dit soort verschillen niet optreden, zijn waarschijnlijk binnen de kortste keren oersaai. Toch zijn er nogal wat mensen die als de dood zijn voor conflicten en ruzies. In de regel zitten daar de volgende irrationele ideeën achter:

*Irrationeel idee nummer 8:*

***'Ik stel eigenlijk niets voor, ik ben volledig afhankelijk van de ander.'***

Mensen die vanuit dit irrationele idee relaties aangaan, zullen inderdaad nooit hun mond durven opendoen als ze het ergens niet mee eens zijn. Ze zijn er als de dood voor door de ander afgewezen te worden. Ze hebben bovendien ook nog het idee dat ze zonder die ander niet verder kunnen

leven of functioneren. Daardoor zitten ze al heel snel in een dwingende afhankelijkheidspositie, die hun eigen persoonlijkheid volledig kan ondermijnen.
Vooral binnen persoonlijke (liefdes)relaties is het van het grootste belang dat je in voldoende mate trouw blijft aan je werkelijke gevoelens. Het heeft geen enkele zin om een bepaalde rol te spelen die niet echt bij je past – vroeger of later val je toch door de mand. Echtheid voor alles dus, maar ook weer niet ten koste van alles. We leven tenslotte niet meer in de jaren zestig van de vorige eeuw waarin je altijd en overal assertief diende te zijn, met als gevolg dat egoïsme en egocentrisme hoogtij vierden. Echtheid wil namelijk niet zeggen dat je geen rekening zou kunnen houden met de gevoelens van de ander. Waar het om gaat, is dat je de ander niet *nodeloos* kwetst. Vooral in liefdesrelaties is het soms onvermijdelijk dat je de ander kwetst, bijvoorbeeld als de liefde over is. Daar kun je in de regel niets aan doen.
Relaties zijn, als het goed is tenminste, een kwestie van geven en nemen. Daar dient dan wel enige balans in te zitten, want de liefde kan natuurlijk niet van één kant komen. En natuurlijk, je loopt het risico op een flinke aanvaring als je voor je mening uitkomt. In een aantal gevallen kan dat zelfs leiden tot een breekpunt. Maar liever dat, dan voortdurend op je tenen moeten lopen, en iemand te moeten zijn die je in wezen helemaal niet bent. Daardoor gaat je (misschien toch al wankele) gevoel van eigenwaarde helemaal verloren.
Mensen die bang zijn voor ruzies gaan vaak ook nog uit van:

*Irrationeel idee nummer 1:*
***'Het is voor mij absoluut noodzakelijk dat ik door iedereen aardig word gevonden.'***

We hebben er op diverse plaatsen in de voorgaande tekst al op gewezen dat je nooit allemansvriend kunt zijn, dat je

nooit door iedereen aardig gevonden kunt worden: door vriend te zijn met de één, ben je ongewild al meteen de vijand van de ander. Sommige mensen kunnen het eenvoudigweg niet verdragen dat je goed kunt omgaan met iemand die zij niet kunnen uitstaan. Het lijkt erop dat ze dat zien als een vorm van verraad, ze eisen onvoorwaardelijke loyaliteit. Met dat soort mensen krijg je al heel gemakkelijk ruzie en dat is misschien ook maar goed ook: ze laten je geen enkele persoonlijke vrijheid. Probeer in zo'n geval uit te leggen dat je recht hebt op je eigen keuze van een vriendenkring, en dat vriendschap met de één, niet hoeft te betekenen dat je partij kiest tegen de ander. Als die ander geen begrip kan opbrengen voor je standpunt, dan is dat zijn (of haar) probleem. Laat je niet claimen door een dwingeland die je verbiedt trouw te zijn aan jezelf.
Maar we zijn er nog niet. Mensen die bang zijn voor ruzie bezondigen zich in de regel eveneens aan:

*Irrationeel idee nummer 12:*
***'Ik kan niet leven met onzekerheden.'***

Ruzies kunnen je inderdaad onzeker maken en dat is helemaal niet zo erg als het lijkt. Als je door een ruzie gedwongen wordt nog eens goed te kijken naar de (on)redelijkheid van je eigen standpunten en motivaties, dan is dat alleen maar goed. Gezonde zelfkritiek kan leiden tot persoonlijke groei en dus tot een beter sociaal functioneren. Zolang die zelfkritiek tenminste gezond blijft en niet leidt tot een totaal afkraken van jezelf. Onzekerheid wordt meestal veroorzaakt doordat je bang ben voor het oordeel van anderen (iB) en door faalangst (iB2). We hebben het al zovaak gezegd: het gaat er vooral om dat je het in alle eerlijkheid eens bent met jezelf, dat je jezelf recht kunt aankijken in de spiegel. En vervolgens kun je niet meer doen dan je best: doe wat je kunt, meer kun je niet doen. Gaat het onverhoopt toch mis, leer daar dan van en probeer het de volgende keer beter te doen.

## Jaloezie

Een veel voorkomend en veel verzwegen verschijnsel binnen veel relaties is dat van de jaloezie. Jaloezie wordt vaak verzwegen omdat veel mensen nog steeds denken dat je kinderachtig en bezitterig bent als je last hebt van jaloezie. Toch zijn vrijwel alle partners in een liefdesrelatie in meer of mindere mate jaloers en dat is meestal een heel gezond teken: je houdt van elkaar en je wilt geen kapers op de kust. Even enkele weetjes op een rij gezet.

- Er bestaat niet zoiets als een 'jaloerse persoonlijkheid'. Vaak speelt de aard van de relatie een grote rol, waarbij de ene partner het gevoel heeft afhankelijker te zijn dan de ander (verstoorde machtsverhouding).
- Er is geen verschil tussen mannen en vrouwen in jaloezie. Wel een verschil in de *aard* van de jaloezie: mannen zijn vooral seksueel jaloers (ze vinden seksueel contact tussen hun partner en een derde onacceptabel), vrouwen vooral relationeel (ze vinden een emotioneel intieme relatie tussen hun partner en een derde erg bedreigend).
- In de Amerikaanse literatuur gaat men ervan uit dat jaloezie een biologische functie heeft (mannen willen zeker weten dat zij de vader zijn van de kinderen, vrouwen willen de veiligheid en verzorging van het gezin waarborgen). In de Westerse literatuur ligt de nadruk veel meer op de psychosociale oorsprong van jaloezie: gevoelens van onmacht en gebrek aan eigenwaarde spelen daarbij een hoofdrol.

In de RET maken we een onderscheid tussen twee soorten jaloezie: rationele en irrationele. Rationele jaloezie kan optreden wanneer je veel van je partner houdt en deze verliefd

wordt op iemand anders. De relatie kan daardoor stuklopen, zodat je je uiteraard niet prettig zult voelen. Rationele jaloezie leidt tot gevoelens van verdriet en teleurstelling. In de regel zullen we door zo'n gebeurtenis niet zo erg van slag raken dat we helemaal niet meer kunnen functioneren.
Heel anders is het gesteld met irrationele jaloezie. Daarvan is sprake wanneer je van je partner eist dat hij alleen maar aandacht heeft voor jou. Irrationele jaloezie is vaak de aanleiding tot allerlei irrationele en bovendien nare gedragingen: je gaat je partner controleren (internet, sms'jes!), je probeert tegen te gaan dat hij (of zij) er een eigen sociaal leven op nahoudt, je dringt je voortdurend op. *Selffulfilling prophecies* zullen zich hierbij gemakkelijk kunnen voordoen: als je maar lang genoeg je partner op deze manier blijft controleren en chanteren, dan zal deze na verloop van tijd zeker problemen krijgen met jullie relatie. Als je niet tijdig bijstuurt, zal je partner je verlaten, waarna jij zult zeggen: 'Zie je wel dat ik gelijk had?' Je vergeet dan echter wel dat je het er zelf naar gemaakt hebt met je irrationele claims.
Irrationele jaloezie leidt tot ziekelijke achterdocht, tot agressie en depressie. Irrationele jaloezie wordt gevoed door een aantal irrationele gedachten. We zetten ze hier op een rij.

- Jij moet van mij houden zoals ik van jou houd.
- Jij moet net zo veel van mij houden als ik van jou houd.
- Jij mag mij nooit verlaten.
- Als jij bij mij weggaat, heeft mijn leven geen zin meer.
- Als jij niet meer van mij houdt, dan bewijst dat dat ik een waardeloos figuur ben.
- Zonder jou kan ik niet leven.
- Jij mag van niemand anders houden dan van mij.
- Ik ben de beste partner voor jou.
- Jij bent de beste partner voor mij.
- Wij zijn alleen voor elkaar geschapen.

We zien hier dat veel, zo niet alle, irrationele ideeën leiden tot een dwangmatige relatie, waarbij er van enige persoonlijke vrijheid eigenlijk geen sprake meer kan zijn. Dergelijke relaties zijn gedoemd om vast te lopen. Het is natuurlijk nooit leuk als je relatie stukloopt, maar dat betekent nog niet dat je je daartegen op alle mogelijke manieren moet indekken (irrationeel idee nummer 6). Veel rationeler zijn de volgende gedachten.

- Ik houd ontzettend veel van jou en ik hoop dat jij ook veel van mij houdt.
- Ik hoop dat we heel lang bij elkaar blijven.
- Als jij bij mij weggaat, dan zal ik dat heel erg vinden. Maar mijn leven laat ik daar niet door verwoesten.
- Jij hebt het recht om op iemand anders verliefd te worden, ook al vind ik dat niet leuk.
- Ik hoop dat je altijd van mij zult blijven houden, maar ik kan je daar niet toe dwingen.
- Het feit dat we nu erg gelukkig met elkaar zijn, betekent nog niet dat we niet ook met een ander gelukkig zouden kunnen worden.

We zien dat in deze gedachten het dwingende en dwangmatige karakter ontbreekt. Beide partners hebben op die manier meer persoonlijke ruimte, waardoor de relatie een grotere kans krijgt om tot bloei te komen.

Dat klinkt natuurlijk allemaal weer prachtig wat hier staat, maar wat moet je als je verteerd wordt door gevoelens van hevige jaloezie? Je weet vaak zelf ook wel dat je jaloezie niet terecht is en alleen leidt tot de grootste narigheid, maar daarmee ben je die gevoelens nog niet kwijt. Een hulpmiddel om dat te bereiken is de REI, de 'Rationeel-Emotieve Imaginatie'. De REI is een verbeeldingstechniek waarmee je jezelf kunt aanleren bepaalde emoties door andere emoties te vervangen. Een voorbeeld ter verduidelijking:

*Je bent hevig verliefd op iemand. Tot je grote geluk wordt je liefde beantwoord, je krijgt een relatie. Het leven lacht je weer toe, je kunt je geluk niet op.*
*In het verleden heb je echter bijzonder nare ervaringen opgedaan in de liefde, waardoor je het moeilijk bent gaan vinden om een ander te vertrouwen. Je bent voortdurend bang om in de steek gelaten en bedonderd te worden. Dus ook nu. Hoewel je weet dat je dat niet moet doen, ga je je partner controleren en lastig vallen met vragen over zijn verleden. Je wilt weten met wie hij allemaal naar bed is geweest en waarom. Je weet ook wel dat je partner recht heeft op zijn eigen verleden, maar je moet alles weten, ook al doet dat je nog zo'n pijn. Aanvankelijk geeft je partner antwoord op je vragen, maar na verloop van tijd krijgt hij in de gaten dat de relatie op deze manier om zeep wordt geholpen. Hij weigert verder te vertellen en zegt dat je er niets mee te maken hebt met wat hij vroeger gedaan heeft. Deze opstelling maakt je razend (hij moet helemaal van jou zijn en moet dus alles vertellen) en nog achterdochtiger: 'Zie je wel, hij verzwijgt iets!' Dus ga je nog harder aandringen, waardoor je partner nog meer zwijgt. Er is een vicieuze cirkel ontstaan als gevolg van jouw irrationele jaloezie.*

Jaloezie wordt bijna altijd veroorzaakt door een gebrek aan eigenwaarde en zelfvertrouwen. Mensen met een negatief zelfbeeld zijn extra vatbaar voor jaloezie omdat ze heel snel het gevoel krijgen dat ze worden afgewezen. De narigheid is vervolgens dat ze daarvoor 'bewijzen' gaan zoeken, die ze dus altijd vinden: de partner is 'opeens' zwijgzaam, 'doet anders', is minder aanhankelijk, en lijkt wel erg veel aandacht te hebben voor het andere geslacht. Jaloerse mensen worden vooral beheerst door:

*Irrationeel idee nummer 6:*
***'Ik moet altijd tot het uiterste bedacht zijn op allerlei soorten narigheid'.***

en

*Irrationeel idee nummer 8:*
***'Ik ben volledig afhankelijk van de ander, ik mijn eentje stel ik niets voor (kan ik niet leven)'.***

Werken aan je jaloezie is een erg taaie aangelegenheid, omdat jaloezie sterk de neiging heeft een dwangmatig karakter te krijgen: je weet dat je fout bezig bent met al dat gevraag en gecontroleer, maar je kunt het toch niet laten.

Laten we nu eerst eens kijken hoe het staat met jouw gevoelens van jaloezie. Vul de volgende test in en bereken je score.

## De jaloezieschaal van Buunk

*Instructie*
De volgende vragen gaan over jaloezie. Denk aan de serieuze intieme relatie die je nu hebt. Heb je momenteel geen partner, probeer je dan voor te stellen hoe het zou zijn als je wel een partner zou hebben. Omcirkel bij de vragen steeds het antwoord dat het meest op jou van toepassing is.

***Hoe zou je het vinden als je partner het volgende zou doen?***
1 = Niet vervelend, 2 = Beetje vervelend, 3 = Tamelijk vervelend
4 = Erg vervelend, 5 = Heel erg vervelend

1. flirten met een ander 1 2 3 4 5
2. persoonlijke dingen bespreken met iemand van het andere geslacht 1 2 3 4 5
3. seksueel contact hebben met een ander 1 2 3 4 5
4. intiem dansen met iemand van het andere geslacht 1 2 3 4 5
5. iemand van het andere geslacht bij een afscheid of begroeting op de mond zoenen 1 2 3 4 5

***Wil je nagaan in hoeverre de volgende ervaringen bij jou voorkomen?***
1 = Nooit, 2 = Zelden, 3 = Soms, 4 = Vaak, 5 = Altijd

6. Ik maak me er zorgen over dat mijn partner iemand anders aantrekkelijker vindt dan mij. 1 2 3 4 5
7. Ik pieker erover dat mijn partner met iemand anders een seksuele relatie zou kunnen hebben. 1 2 3 4 5
8. Ik ben bang dat mijn partner seksueel in iemand anders geïnteresseerd is. 1 2 3 4 5
9. Ik maak me zorgen over wat er allemaal wel niet kan gebeuren wanneer mijn partner met personen van het andere geslacht in aanraking komt 1 2 3 4 5
10. Ik pieker erover dat mijn partner mij zou kunnen verlaten voor een ander 1 2 3 4 5

***In hoeverre zijn de volgende uitspraken op jou van toepassing?***
1 = Niet van toepassing, 5 = Erg van toepassing

| | |
|---|---|
| 11. Ik wil niet hebben dat mijn partner met mensen van het andere geslacht in aanraking komt | 1 2 3 4 5 |
| 12. Het is voor mij niet acceptabel dat mijn partner vriendschappelijk omgaat met leden van het andere geslacht | 1 2 3 4 5 |
| 13. Ik verlang van mijn partner dat hij/zij niet naar andere vrouwen/mannen kijkt | 1 2 3 4 5 |
| 14. Ik ben nogal bezitterig wat mijn partner betreft | 1 2 3 4 5 |
| 15. Ik vind het moeilijk om mijn partner vrij te laten | 1 2 3 4 5 |

- De **items 1 tot en met 5** hebben betrekking op 'reactieve jaloezie' (jaloezie die optreedt als gevolg van een bepaalde gebeurtenis). Buunk vindt daarvoor bij mannen een gemiddelde van 16,24 en bij vrouwen een gemiddelde van 17,51.
- De **items 6 tot en met 10** hebben betrekking op 'angstige jaloezie' (jaloezie die optreedt omdat je bang bent dat er iets zal gaan gebeuren). Voor mannen lag daar het gemiddelde op 10,40, voor vrouwen op 11,44.
- De items **11 tot en met 15** zijn een maat van 'preventieve jaloezie' (in feite een maat die aangeeft waar voor jou de grenzen liggen). De gevonden gemiddelden waren daar 10,91 voor mannen en 12,03 voor vrouwen.

Als je hoog scoort op een of meer van deze subtests, kun je met de RET flink aan de slag gaan. Ga eerst voor jezelf na hoe het ervoor staat met je gevoel van eigenwaarde. Je kunt daarvoor de subtest van de RET-test gebruiken, zie deel 3 in dit boek. Als je laag scoort op deze subtest, dan dien je na te gaan door welke irrationele ideeën jouw negatief zelfbeeld wordt gevoed. Vervang ze vervolgens door de rationele alternatieven.
Verder is het zinvol om eens te kijken naar de aard van de relatie die jij en je partner hebben. Hoe staat het met de machtsverhouding

binnen jullie relatie? Heb je het gevoel dat jij veel afhankelijker bent van je partner dan zij van jou? Als dat laatste het geval is, ga daarover dan met elkaar in gesprek en kijk op welke manier je een meer evenwichtige relatie zou kunnen krijgen. Maak daarbij aan elkaar duidelijk wat je van elkaar verlangt, wat je kwetsbaarheden zijn en hoe je de relatie voor de toekomst ziet. Moeilijke gesprekken inderdaad, maar wel erg verhelderend.

## Seksuele problemen

Jaloezie kan voor een boel narigheid zorgen omdat het je onzeker maakt. Veel mensen hebben helaas de neiging hun onzekerheid af te reageren op degene van wie ze het meeste houden: hun partner. De relatie zal daar natuurlijk niet beter op worden. Niet zelden zien we dan ook dat door de problemen op één gebied er weer andere problemen ontstaan, bijvoorbeeld op het gebied van de seksualiteit.
In deze paragraaf gaan we ons bezighouden met enkele veel voorkomende seksuele problemen. Steeds weer zullen we zien dat deze eigenlijk allemaal veroorzaakt worden door onze prestatiegerichte en faalangstige manier van denken over seksualiteit. Deze manier van denken maken we ons eigen door de opvoeding en door de cultuur waarin we leven. De RET gaat ervan uit dat het heel zinnig kan zijn deze diepgewortelde vooroordelen over seksualiteit onder de loep te nemen. Kijken we bijvoorbeeld naar enkele veel voorkomende irrationele ideeën op dit gebied.

- Seks is het belangrijkste wat er bestaat.
- Je waarde als man (of vrouw) wordt afgemeten aan je seksuele prestaties.
- Ik ben een waardeloos figuur als ik er niet in slaag een vrouw (of een man) te versieren.
- Ik ben een waardeloos figuur als ik er niet in slaag klaar te komen.

- Ik ben een waardeloze minnaar als ik er niet in slaag mijn partner te laten klaarkomen.
- Het is een ramp als ik te vroeg klaarkom.
- Ik ben niet helemaal in orde als ik niet voortdurend zin heb om te vrijen.
- Als je van elkaar houdt, dan wil je de hele dag met elkaar vrijen.
- Het is een grote schande als ik een keer opgewonden raak van iemand anders dan mijn vaste partner.
- Het is een grote schande als ik zin heb om te masturberen (mezelf te vingeren, af te trekken).

Het zal duidelijk zijn: al deze gedachten kunnen alleen maar leiden tot een onvrije, faalangstige beleving van de seksualiteit. En vrijen en angst zijn moeilijk met elkaar te verenigen. Laten we eens gaan kijken naar enkele specifieke seksuele problemen.

*Impotentie*
De term 'impotentie' gebruiken we hier in ruime zin. Met impotentie bedoelen we hier het onvermogen een erectie te krijgen of te houden en eveneens het onvermogen om klaar te komen. Impotentie wordt vrijwel altijd veroorzaakt door psychische factoren, zelden door lichamelijke. Toch kan het geen kwaad om in geval van impotentie een bezoek aan de huisarts of specialist te brengen, teneinde medische (lichamelijke) factoren uit te sluiten.
Als vervolgens is vast komen te staan dat er zeer waarschijnlijk sprake is van een psychische oorzaak, dan kun je het best op zoek gaan naar de irrationele ideeën en verwachtingen die de impotentie veroorzaken. Seksuele faalangst en seksuele subassertiviteit zullen daarbij vaak naar voren komen.

*Hans is gelukkig getrouwd met Marian. Grote problemen zijn er tussen hen eigenlijk nooit geweest, ook niet op seksueel gebied. Ze zijn het prototype van een 'gewoon' echtpaar: hij werkt buitenshuis en zij zorgt voor de kinderen.*
*De carrière van Hans is voorspoedig verlopen: hij is 'een kleine zelfstandige' die door flink aan de weg te timmeren steeds meer opdrachten weet binnen te halen. Hij neemt alles aan wat hij kan krijgen, met als gevolg dat hij een overvolle agenda heeft. Vaak is hij 's avonds nog tot laat in de weer om zijn zaken voor de volgende dag op orde te krijgen. Hij doet zijn werk met plezier, dus hij denkt dat al dat gezwoeg geen kwaad kan. Tot hij, na weer zo'n lange werkdag, met Marian wil vrijen en tot zijn grote ontsteltenis bemerkt dat hij niet klaar kan komen. Dat is hem nog nooit gebeurd!*
*'Maak je niet druk,' zegt Marian rustig, 'je bent gewoon te moe.'*
*'Ja, dat zal wel', antwoordt Hans, maar hij is er niet gerust op. Zou hij een ziekte onder de leden hebben waardoor hij impotent geworden is? Ze gaan maar slapen.*
*Zodra Hans de kans krijgt, probeert hij zichzelf te bevredigen, hetgeen maar met de grootste moeite lukt. 'Zie je wel,' denkt hij, 'het is toch niet helemaal in orde.' Enkele dagen later probeert hij weer met Marian te vrijen. Hij is totaal gefixeerd op zijn halfslappe erectie en moet zijn pogingen algauw opgeven. Hij voelt zich nu erg gespannen en vindt dat hij enorm afgaat. Tot overmaat van ramp begint hij ook nog eens de schuld bij Marian te leggen. 'Die weert hem ook altijd af, die neemt nooit eens het initiatief om te vrijen, die maakt zich nooit eens mooi voor hem.'*
*De gevolgen blijven niet uit: de relatie verslechtert met de dag, ze spreken niet meer met elkaar. Hans begraaft zich in z'n werk en Marian is altijd met de kinderen bezig. Ze besluit 's avonds op tekenles te gaan, dan hoeven ze elkaar niet veel meer te zien.*
*En dat allemaal omdat Hans eens een keer niet kon klaarkomen...*

Het is handig om dit voorbeeld eens te herformuleren in termen van het A-B-C van de RET.
De A (aanleiding) is overduidelijk het feit dat Hans op die bewuste avond niet kon klaarkomen. De C (emotionele consequentie) waren allerlei ongezonde negatieve emoties zoals angst, woede en schaamte. Deze emoties werden veroorzaakt door de irrationele manier van denken van Hans, dus door zijn iB's. We zetten ze maar weer eens op de rij.

- Als ik geen erectie krijg (of houd), dan is dat een afgang.
- Als ik vrij, dan moet ik ook klaarkomen.
- Als ik niet klaarkom, dan ga ik af als een gieter.
- Niet kunnen klaarkomen, is heel beschamend.
- Ik ben beslist ziek als ik niet kan klaarkomen.
- Het ligt aan de ander, als ik niet kan klaarkomen.
- Seks zonder klaarkomen, is waardeloze seks.

Zoals bij alle problemen, is het ook hier zaak eerst de secundaire symptomen te bestrijden. Ter opfrissing van het geheugen: een secundair symptoom ontstaat als je niet kunt accepteren dat je een bepaald probleem hebt. Secundaire symptomen nemen vaak de vorm aan van gevoelens van schaamte, schuld en frustratie.
Hans dient dus op de eerste plaats zijn schaamte te overwinnen. Hij kan dat doen door zich te realiseren dat het feit dat hij die keer niet kon klaarkomen, niets van doen heeft met zijn waarde als persoon. Uiteraard dient ook Marian daar zo over te denken. Wat extreem gesteld: als Marian hem zou laten vallen omdat hij seksueel 'gefaald' heeft, dan doet Hans er maar beter aan Marian zo snel mogelijk te laten vallen. Het gaat volgens de RET niet aan je partner om een bepaald gedrag te veroordelen, laat staan op basis van seksuele prestaties.
Vervolgens dient Hans zijn iB's te lijf te gaan. Hij zou er goed aan doen zich te realiseren:

- dat seks méér is dan alleen klaarkomen;
- dat niet-klaarkomen kan gebeuren als je erg moe bent;

- dat je nooit kunt afgaan als je ergens je best voor doet;
- dat klaarkomen wel prettig is, maar niet noodzakelijk;
- dat het nergens toe leidt om elkaar te beschuldigen als de seks niet loopt zoals je graag zou willen;
- dat het beter is om rustig met elkaar te praten over je seksuele angsten en frustraties;
- dat erecties geen teken zijn van 'mannelijkheid', maar domweg het gevolg zijn van een tijdelijke bloedophoping in de penis. Niet meer, niet minder.

Als Hans zijn iB's op deze wijze weet te vervangen door rB's (namelijk door zijn iB's ter discussie te stellen, de D), dan is de kans groot dat hij de volgende keren meer ontspannen en met minder faalangst met Marian zal kunnen vrijen (het effect, de E). Het is van het grootste belang dat hij inziet dat vrijen iets anders (namelijk: veel meer) is dan het leveren van prestaties. In feite zou hij er goed aan doen een houding aan te nemen in de trant van: 'Het zou wel leuk zijn als ik weer klaarkwam, maar noodzakelijk is het niet. Er zijn nog zoveel andere leuke manieren om met elkaar te vrijen. We zien wel wat er gebeurt.' Nogmaals: het is bij dit alles uiteraard wel van belang dat de partner er hetzelfde over denkt. Ook de partner zal zich er terdege van bewust moeten zijn dat het liefdesspel (strelen, zoenen enz.) vaak veel intenser en boeiender is dat het uiteindelijke klaarkomen.

We hebben de problematiek van de impotentie hier beschreven vanuit de positie van de man. Het zal duidelijk zijn dat een dergelijk betoog in gelijke mate opgaat voor de vrouw. Denken we bijvoorbeeld aan vrouwen die vinden dat ze altijd opgewonden moeten raken van hun partner. Vergeet het maar, want niets is zo irrationeel als te verwachten dat de seksuele aantrekkingskracht en opwinding in alle gevallen precies gelijk opgaan. Zet jezelf en je partner nooit onder druk. Dat brengt ons meteen bij een ander veel voorkomend seksueel probleem, dat van de seksuele subassertiviteit. Ook dit probleem kan zich zowel bij mannen als bij vrouwen voordoen.

*Seksuele subassertiviteit*

We hebben al gezien dat verlegenheid voor sommige mensen een groot probleem kan zijn. Het kost ons weinig moeite ons voor te stellen dat verlegenheid zich vooral in hevige mate kan voordoen op het gebied van de seksualiteit. Wie heeft er niet met de nodige bezorgdheid opgekeken tegen de eerste zoen en tegen 'de eerste keer'? Wie van ons is er niet bang geweest een figuur te slaan? We hadden allemaal de klok horen luiden en wisten zo ongeveer wel waar de klepel hing, maar de praktijk was nog altijd heel wat anders dan de theorie.
Die bezorgdheid (of regelrechte angst) heeft vooral te maken met de manier waarop we via onze opvoeding en onze cultuur hebben leren denken over zaken als seksualiteit. In onze Westerse cultuur zitten we opgescheept met bepaalde vaste rolpatronen. Zo vinden we het (ook nu nog, in de eenentwintigste eeuw!) maar heel gewoon dat een jongen een meisje versiert en niet andersom. Jongens die in dit opzicht veel initiatief ontplooien, gelden nog steeds als 'normaal', 'assertief' en 'stoer', maar meisjes die hetzelfde doen, worden nog vaak aangezien voor 'vreemd' en in het ergste geval voor 'hoerig'. En dan hebben we het alleen nog maar over het nemen van een initiatief.
In de huis- en slaapkamer doen zich dergelijke rolpatronen evenzeer gelden, ondanks alle pogingen (bijvoorbeeld door middel van boeken) deze te doorbreken. Veel mannen en vrouwen durven bijvoorbeeld hun partner niet te zeggen wat ze graag zouden willen zeggen. Veel mannen vinden het bijvoorbeeld moeilijk om rechtstreeks tegen hun partner te zeggen: 'Ik houd van jou.' Ze hebben het gevoel dat ze

zich daarmee een beetje belachelijk maken, dat ze dan 'zwak' lijken. Op dezelfde manier vinden veel partners het erg moeilijk om op het gebied van de seksualiteit datgene te vragen en te doen, wat ze graag zouden willen vragen en doen. Ze durven niet voor hun wensen uit te komen en zijn er alleen maar op gericht het de partner naar de zin te maken. Kijken we eens naar Gerda.

*Gerda is een jonge vrouw van 29 jaar. Ze heeft diverse vrienden gehad, maar tot een echt blijvende relatie is het nog niet gekomen. Ze maakt zich daar ernstig zorgen over. Ze heeft het idee dat, als 'de ware' niet gauw komt, ze zal overschieten Dat lijkt haar het ergste wat er is: alleen blijven, terwijl al haar vriendinnen een vaste vriend hebben of getrouwd zijn. Dat heeft haar de laatste jaren in toenemende mate onzeker gemaakt.*
*Ze gaat veel uit, samen met haar vriendinnen, in de hoop iemand tegen te komen. Eindelijk, op een avond is het dan zover: de ware jakob lijkt zich aan te dienen en hij heet Kees. Na enige tijd wordt de relatie wat intiemer en nemen de omhelzingen wat intensere vormen aan. Gerda is erg onzeker. Ze is bang Kees te verliezen en probeert het hem kost wat kost naar de zin te maken. Ook in seksueel opzicht. Ze gaat daarin zo ver, dat ze zichzelf helemaal wegcijfert. Ze wordt beheerst door maar één gedachte: als hij het maar naar zijn zin heeft. Aan zichzelf denkt ze niet, vreugde aan de seks beleeft ze nauwelijks, want daar heeft ze geen tijd voor; ze is veel te druk bezig met Kees. Als deze haar vraagt of ze het naar haar zin heeft, antwoordt ze steevast 'ja' en doet voor het overige haar best een tevreden en bevredigde indruk te maken. In feite vindt ze er geen bal aan, want zo'n held in bed is Kees nu eenmaal niet. Ze durft hem echter niet te zeggen waar zij zelf behoefte aan heeft. Stel je voor dat hij op haar afknapt en haar laat zitten! Nee hoor, dan maar liever net doen alsof, dan lijkt het ten minste nog wat.*

Het zal duidelijk zijn: de manier waarop Gerda bezig is met haar relatie kan alleen maar leiden tot narigheid. Dat blijkt ook wel, want na enige maanden kan er bij Gerda geen lachje meer af. De relatie met Kees is geen reden tot vreugde meer, maar eerder een last die ze nu eenmaal moet dragen. Dat komt omdat ze op een verkeerde, ongezonde manier nadenkt over zichzelf, over relaties en over seks. Laten we hier de iB's van Gerda eens op een rij zetten.

- Zonder vriend sla ik een waardeloos figuur.
- Als ik een vriend heb, moet ik hem in alles zijn zin geven.
- Het is belangrijker dat een man aan zijn gerief komt dan een vrouw. Zo zit de maatschappij nu eenmaal in elkaar.
- Vrouwen moeten bij seks een afwachtende houding aannemen.
- Je kunt het niet maken om tegen je partner te zeggen dat hij slecht vrijt.
- Seks is een kwestie van elkaar aanvoelen zonder woorden. Als je erover moet praten, dan zit het al fout.
- Het ergste wat me kan overkomen, is dat mijn partner me seksueel niet meer aantrekkelijk vindt.

De A wordt bij Gerda gevormd door het feit dat ze geen vaste vriend heeft. De C zijn de ongezonde negatieve gevoelens van angst, depressie en schaamte. Ook Gerda (en vele mannen en vrouwen met haar) zou er goed aan doen in te zien dat niets en niemand het waard is om er je zelfwaardering voor te verliezen. Dat is in alle gevallen irrationeel en kan nooit tot iets goeds leiden.
Veel beter en rationeler is het om de stoute schoenen aan te trekken en voor je mening en wensen uit te komen, ook op het gebied van de seksualiteit. Veel rationeler is het om in te zien dat mannen en vrouwen, zeker ook in seksueel opzicht, dezelfde rechten hebben. Veel rationeler is het om met je partner te praten over je beleving van de seksualiteit en om zodoende achter elkaars wensen en verlangens

te komen. Natuurlijk zal zo'n open houding je niet altijd even gemakkelijk vallen, zeker niet als je streng en behoudend bent opgevoed. Je zult, als dat het geval is, eerst gevoelens van (valse) schaamte dienen te overwinnen. Lastig, maar zeker niet onmogelijk. En in ieder geval de moeite van het proberen meer dan waard!

## Scheidingen

We hebben je in dit boek laten zien hoe je bepaalde relationele problemen met behulp van de RET zou kunnen proberen op te lossen. Gemakkelijk zal dat lang niet altijd gaan. In een aantal gevallen zal het zelfs zo zijn, dat er voor een bepaald probleem eenvoudigweg geen oplossing te vinden valt. Als een van de partners bijvoorbeeld seksuele wensen heeft waarmee de ander zich absoluut niet kan of wil verenigen, dan wordt het een heel moeilijke zaak. Hetzelfde geldt voor de relatie die na jaren is doodgebloed en waarin de partners elkaar met de beste wil van de wereld niets meer te zeggen hebben. En wat te denken van de vele relaties die zijn stukgelopen omdat een van de partners verliefd is geworden op iemand anders?
Natuurlijk, het is altijd goed om nog eens na te gaan of er van de relatie nog iets te maken valt. Misschien is het zo dat een van beide partners irrationele ideeën over de relatie heeft, die kunnen worden omgezet in rationele, zodat de relatie toch weer een kans van slagen heeft. Maar in bepaalde gevallen zal een scheiding het enige alternatief zijn.
Een scheiding is voor alle betrokkenen – en vaak het meest voor eventuele kinderen – een zeer aangrijpende zaak. Maar 'aangrijpend' hoeft nog niet te betekenen 'rampzalig' en 'onoverkomelijk'. Als een scheiding je wel dat gevoel geeft, dan komt dat in de regel doordat je op een irrationele manier nadenkt. Zeer waarschijnlijk houd je er een of meer van de volgende, irrationele ideeën op na.

- Zonder jou (mijn partner) is het leven zinloos.
- Een scheiding zal ik gevoelsmatig niet aankunnen. Ik weet zeker dat ik er onderdoor zal gaan.
- Het is een grote schande om als gescheiden vrouw of man door het leven te moeten gaan.
- Gescheiden zijn wil zeggen: gefaald hebben als mens.
- Jij mag het mij niet aandoen om van mij weg te gaan.
- Zie je wel dat er niemand in deze wereld te vertrouwen valt?
- Jij bent altijd de enige voor mij geweest en zult altijd de enige voor mij blijven. Jij bent onvervangbaar.
- Door te scheiden ruïneren we het leven van onze kinderen.

Hoe invoelbaar deze gedachten ook zijn, ze zijn stuk voor stuk irrationeel omdat ze er allemaal van uitgaan dat het leven met een scheiding lijkt op te houden. En dat is nu eenmaal niet zo. Ziehier enkele rationele alternatieven voor de genoemde irrationele ideeën.

- Het is nooit rationeel de zin van het leven te laten afhangen van één persoon.
- De pijn van een scheiding kan erg hevig zijn, maar alle pijn is tijdelijk.
- Natuurlijk is het geen reclame als je van jezelf moet zeggen dat je gescheiden bent. Maar het is evenmin reclame als je alleen maar voor het oog van de buitenwereld bij elkaar blijft.
- Gescheiden zijn wil nooit zeggen dat je als mens gefaald hebt. Zeker niet als je je best hebt gedaan er wat van te maken.
- Elk mens heeft het recht verliefd te worden op een ander.
- Je kunt je hevig teleurgesteld voelen in je partner, maar het heeft geen enkele zin om hem tegen zijn wil bij je te houden.
- Als je partner verliefd wordt op een ander, dan zegt dat

niets over zijn betrouwbaarheid. Hij is ook maar een mens, met menselijke gevoelens die kunnen veranderen.
- Hoe hard het ook klinkt: iedereen is vervangbaar, ook je partner. Het kost alleen tijd om je weer voor een ander open te stellen.
- Een scheiding kan vreselijke gevolgen hebben voor de kinderen. De gevolgen kunnen echter nog vreselijker zijn wanneer je niet gaat scheiden. Het ergste wat je kinderen kunt aandoen, is ze te laten opgroeien in een sfeer van ruzie.

## Conclusie

In dit deel zijn verschillende soorten problemen aan de orde gekomen: problemen die zich vooral afspelen in jezelf (angsten, fobieën en depressies) en problemen die vooral te maken hebben met je omgang met anderen (relationele, seksuele problemen). In alle gevallen is het zo dat je manier van denken over je probleem bepalend is voor de manier waarop je je voelt. Volgens de RET bepaalt het denken immers het voelen.
We hebben gezien dat het mogelijk is om elk probleem te analyseren in termen van het A-B-C van de RET. Elk probleem heeft een bepaalde aanleiding (A) en elk probleem leidt tot bepaalde gevolgen (C). De aard en omvang van deze gevolgen worden voornamelijk bepaald door de iB's, de irrationele ideeën die je erop nahoudt. Wil je tot een oplossing van deze problemen komen, of ze althans verlichten, dan is het van het grootste belang dat je je iB's op het spoor komt en ze ter discussie stelt (D). Het effect (E) zal zijn dat je je sterker voelt en meer zelfvertrouwen krijgt.

# Deel 3
# Zelfonderzoek

**In deel 1 hebben we ons vooral beziggehouden met de theorie van de RET. In het tweede deel hebben we gezien hoe je de RET kunt toepassen bij verschillende problemen.**
Door het hele boek heen zijn we de termen 'irrationeel' en 'rationeel' tegengekomen. Dat is ook logisch, want de RET berust voor het grootste deel op het ontdekken van irratio nele ideeën, die je vervolgens dient te vervangen door rationele, gezonde en verstandige ideeën.
Om je enig zicht te geven op de manier waarop je zelf denkt (rationeel of irrationeel), hebben we hier een zelfonderzoek opgenomen. Met behulp van deze eenvoudige test kun je niet alleen nagaan of je manier van denken over het algemeen rationeel of irrationeel is, maar ook bekijken in welke subcategorieën je denken eventueel irrationeel is. Misschien heb je een negatief zelfbeeld, misschien is je frustratietolerantie te laag. Of heb je last van faalangst en een te grote behoefte aan goedkeuring door anderen. Bedenk bij het invullen van deze tekst dat het hier beslist niet gaat om een soort examen. Het enige wat de test beoogt en pretendeert, is je inzicht te geven in je manier van denken, in je denkstijl.

Op de volgende pagina's staan in totaal 67 uitspraken genoteerd. Deze uitspraken hebben allemaal betrekking op de manier waarop je over bepaalde zaken kunt nadenken. Het is de bedoeling dat je elke uitspraak heel nauwkeurig doorleest en voor jezelf nagaat of je het
eens bent met die bepaalde uitspraak. Na elke uitspraak staan de getallen 1, 2, 3, 4 en 5.

- Als je het volledig eens bent met een bepaalde uitspraak, omcirkel je het cijfer 5.
- Als je het 'wel eens' kunt zijn met een bepaalde uitspraak, omcirkel je het cijfer 4.
- Als je je geen mening kunt vormen aangaande een bepaalde uitspraak, omcirkel je het cijfer 3.

- Als je het eigenlijk niet eens bent met een bepaalde uitspraak, omcirkel je het cijfer 2.
- Als je het volledig oneens bent met een bepaalde uitspraak, omcirkel je het cijfer 1.

*Voorbeeld*

*Mensen mogen hun belofte nooit verbreken.* 1 2 3 4 5

- Als je de uitspraak volledig onderschrijft, omcirkel dan het cijfer 5.
- Als je het eigenlijk wel eens kunt zijn met deze uitspraak, omcirkel je het cijfer 4.
- Als je je geen mening kunt vormen over deze uitspraak, omcirkel dan het cijfer 3.
- Als je het eigenlijk niet eens bent met deze uitspraak, omcirkel je het cijfer 2.
- Als je het volledig oneens bent met deze uitspraak, omcirkel je het cijfer 1.

Nogmaals: Realiseer je dat er bij deze test geen goede of foute antwoorden mogelijk zijn. Waar het om gaat, is dat je zicht krijgt op je manier van denken.

Hierna volgen nu eerst de 67 uitspraken. Als je alle uitspraken hebt beoordeeld, zullen we aangeven hoe je het resultaat kunt interpreteren.

## Uitsprakenlijst

1. Als mensen onaardig tegen me doen, dan is dat voor mij het zoveelste bewijs dat ze eigenlijk niet deugen. 1 2 3 4 5

2. Als mensen aardig tegen je zijn, dan hebben ze iets van je nodig. 1 2 3 4 5

3. Problemen worden altijd door factoren van buitenaf veroorzaakt. 1 2 3 4 5

4. Ik ga er altijd maar van uit dat ik belazerd word. 1 2 3 4 5

5. Voordat ik een belangrijke taak moet volbrengen, ben ik altijd heel zenuwachtig. 1 2 3 4 5

6. Ik ben vaak misselijk als ik belangrijke taken moet uitvoeren. 1 2 3 4 5

7. Ik kan er niet tegen als mensen niet doen wat ik wil. 1 2 3 4 5

8. Ik word depressief als mij iets niet lukt. 1 2 3 4 5

9. Mensen moeten altijd rekening met mij houden. 1 2 3 4 5

10. Alleen al de gedachte om in belangrijke zaken te kort te schieten, bezorgt mij hartkloppingen. 1 2 3 4 5

11. Ik vind het belangrijk dat mensen me eerlijk behandelen. Maar ik realiseer me tegelijkertijd dat ze dat niet hoeven te doen omdat ik dat zo graag wil. 1 2 3 4 5

12. Wanneer ik me gespannen voel, is dat voor mij een bewijs dat ik niet tegen mijn taak opgewassen ben. 1 2 3 4 5

13. Ik ga ervan uit dat mensen in principe grote egoïsten zijn. 1 2 3 4 5

14. Als ik belangrijke taken niet tot een goed einde breng, komt dat doordat ik een mislukkeling ben. 1 2 3 4 5

15. Ik zal alles doen om te bereiken dat mensen mij mogen. 1 2 3 4 5

16. Het leven moet leuk zijn, anders is het niet de moeite waard. 1 2 3 4 5

17. Ik kan er niet tegen als mensen mij niet in mijn waarde laten. 1 2 3 4 5

18. Het is van het grootste belang dat mensen mijn werk waarderen. 1 2 3 4 5

19. Ik kan absoluut niet tegen ruzie. 1 2 3 4 5

20 Ik voel mij vaak volslagen machteloos. 1 2 3 4 5

21. Ik vind het heel erg als blijkt dat iemand die ik belangrijk vind, mij niet mag. 1 2 3 4 5

22. Het is altijd het beste om moeilijkheden zo veel mogelijk uit de weg te gaan. 1 2 3 4 5

23. Elk mens is in wezen het slachtoffer van zijn verleden. 1 2 3 4 5

24. Ik heb recht op een plezierig leven,

zonder moeilijke toestanden. 1 2 3 4 5

25. Wie voor een dubbeltje geboren is, wordt nooit een kwartje. 1 2 3 4 5

26. Ik ben niet in staat om iets aan mijn problemen te doen. 1 2 3 4 5

27. Ik houd er niet van om ergens verantwoordelijk voor te zijn. 1 2 3 4 5

28. Ik moet mij te allen tijde kunnen ontspannen. 1 2 3 4 5

29. Ik heb het liefst dat iedereen mij aardig vindt, want ik kan er niet tegen als iemand mij niet mag. 1 2 3 4 5

30. Als het erop aan komt, is niemand te vertrouwen. 1 2 3 4 5

31. Ik vind het heel belangrijk dat iedereen weet wat ik kan. 1 2 3 4 5

32. Ik kan er absoluut niet tegen als iemand mijn gevoelens niet beantwoordt. 1 2 3 4 5

33. Mijn medewerkers en collega's moeten mij als mens waarderen. 1 2 3 4 5

34. Mensen moeten naar mij luisteren als ik aan het woord ben. 1 2 3 4 5

35. Als ik ruzie heb met mensen, dan ligt dat in principe altijd aan mij. 1 2 3 4 5

36. Ik vind het onprettig om ruzie met

iemand te hebben, maar weet dat het soms onvermijdelijk is. 1 2 3 4 5

37. Ik heb een zeer sterke behoefte aan de goedkeuring van anderen. 1 2 3 4 5

38. Ik vind het heel erg als mensen mij niet met respect behandelen. 1 2 3 4 5

39. Ik droom vaak dat dingen helemaal mislukken. 1 2 3 4 5

40. Vaak denk ik dat mijn leven alleen maar bestaat uit narigheid en frustraties. 1 2 3 4 5

41. Publiekelijk afgaan is het ergste wat mij kan overkomen. 1 2 3 4 5

42. Als mensen die ik graag mag, niets van mij willen weten, dan komt dat doordat ik een oninteressant mens ben. 1 2 3 4 5

43. Ik vind het niet prettig als mensen mij niet met respect behandelen, maar ik kan daar wel tegen. 1 2 3 4 5

44. Ik vind het een teleurstelling als mensen die ik graag mag, mij niet mogen, maar ik realiseer me dat zoiets kan gebeuren. 1 2 3 4 5

45. Ik wil graag zo goed mogelijk presteren. Maar meer doen dan mijn best kan nu eenmaal niet. 1 2 3 4 5

46. Ik heb de neiging om mezelf af te kraken als het tegenzit. 1 2 3 4 5

47. Ik baal van tegenslagen, maar laat me er niet door uit het veld slaan. Volgende keer beter. 1 2 3 4 5

48. Iedereen moet mij altijd eerlijk behandelen. 1 2 3 4 5

49. Als mensen een hekel aan mij hebben, dan is dat voor mij een bewijs dat ik een onprettig mens ben. 1 2 3 4 5

50. Ik kan mezelf niet waarderen als ik fouten maak. 1 2 3 4 5

51. Ik vind het onverdraaglijk om gespannen en zenuwachtig te zijn. 1 2 3 4 5

52. Ik vind het onbegrijpelijk als ik niet door mijn collega's gerespecteerd word. 1 2 3 4 5

53. Mensen veranderen in wezen niet. Eens een dief, altijd een dief. 1 2 3 4 5

54. Ik kan er niet tegen als iemand mij beledigt. 1 2 3 4 5

55. Ik vind het verschrikkelijk als mensen die belangrijk voor mij zijn, mij niet behoorlijk behandelen. 1 2 3 4 5

56. Ik vind het verschrikkelijk om me rot te voelen. 1 2 3 4 5

57. Mijn grootste angst is dat ik belangrijke zaken de mist in laat gaan. 1 2 3 4 5

58. Ik ben nu eenmaal zoals ik ben. Ik kan mezelf niet veranderen. 1 2 3 4 5

59. Ik vind mezelf eigenlijk maar een waardeloze figuur. 1 2 3 4 5

60. Ik blijf mezelf waarderen, ook al laat ik belangrijke taken wel eens de mist in gaan. 1 2 3 4 5

61. Ik kan er absoluut niet tegen als zaken niet gaan zoals ik wil. 1 2 3 4 5

62. Wanneer ik gespannen ben, besef ik dat het maar een tijdelijk ongemak is. 1 2 3 4 5

63. Zonder de hulp van anderen kan ik niets. 1 2 3 4 5

64. Ik wil graag gewaardeerd en gerespecteerd worden door mensen die ik belangrijk vind, maar ik realiseer me dat ik geen allemansvriend kan zijn. 1 2 3 4 5

65. Spreken in het openbaar vind ik vreselijk. 1 2 3 4 5

66. Ik heb eigenlijk altijd een hekel aan mezelf gehad. 1 2 3 4 5

67. Ik kan er heel slecht tegen als ik fouten maak. 1 2 3 4 5

*Hoe gebruik je de resultaten?*
Je kunt dit zelfonderzoek op verschillende manieren gebruiken.
De meest eenvoudige manier is simpelweg het invullen van alle vragen. Op die manier heb je namelijk in sneltreinvaart nog eens de hele theorie van de RET doorgenomen.
Een tweede manier waarop je de tekst kunt gebruiken is door je antwoorden op te tellen en vervolgens na te gaan hoe rationeel en irrationeel je manier van denken is. We hebben daarom alle vragen nog eens onder elkaar gezet, maar nu per subschaal gesorteerd. De uitleg van de verschillende subschalen daarna.

Noteer nu eerst voor alle vragen het cijfer dat je hebt omcirkeld. Als je alle cijfers achter de vragen hebt ingevuld, kun je het totaal per subschaal berekenen door de cijfers bij elkaar op te tellen.

## Subschalen

| *Rationaliteit* | | *Negatief zelfbeeld* | | *Faalangst* | |
|---|---|---|---|---|---|
| vraag 11 | ____ | vraag 12 | ____ | vraag 5 | ____ |
| vraag 36 | ____ | vraag 14 | ____ | vraag 6 | ____ |
| vraag 43 | ____ | vraag 35 | ____ | vraag 8 | ____ |
| vraag 44 | ____ | vraag 42 | ____ | vraag 10 | ____ |
| vraag 45 | ____ | vraag 46 | ____ | vraag 39 | ____ |
| vraag 47 | ____ | vraag 49 | ____ | vraag 41 | ____ |
| vraag 60 | ____ | vraag 50 | ____ | vraag 57 | ____ |
| vraag 62 | ____ | vraag 59 | ____ | vraag 65 | ____ |
| vraag 64 | ____ | vraag 66 | ____ | vraag 67 | ____ |
| totaal | ____ | totaal | ____ | totaal | ____ |

| *Behoefte aan goedkeuring* | | *Behoefte aan respect* | | *Afhankelijkheid/ machteloosheid* | |
|---|---|---|---|---|---|
| vraag 15 | ____ | vraag 9 | ____ | vraag 3 | ____ |
| vraag 18 | ____ | vraag 17 | ____ | vraag 20 | ____ |
| vraag 21 | ____ | vraag 31 | ____ | vraag 22 | ____ |
| vraag 29 | ____ | vraag 34 | ____ | vraag 23 | ____ |
| vraag 32 | ____ | vraag 38 | ____ | vraag 25 | ____ |
| vraag 33 | ____ | vraag 48 | ____ | vraag 26 | ____ |
| vraag 37 | ____ | vraag 52 | ____ | vraag 27 | ____ |
| totaal | ____ | vraag 54 | ____ | vraag 58 | ____ |
| | | vraag 55 | ____ | vraag 63 | ____ |
| | | totaal | ____ | totaal | ____ |

| *Frustratie-tolerantie* | | *Negatief beeld van anderen* | |
|---|---|---|---|
| vraag 7 | ____ | vraag 1 | ____ |
| vraag 16 | ____ | vraag 2 | ____ |
| vraag 19 | ____ | vraag 4 | ____ |
| vraag 24 | ____ | vraag 13 | ____ |
| vraag 28 | ____ | vraag 30 | ____ |
| vraag 40 | ____ | vraag 53 | ____ |
| vraag 51 | ____ | totaal | ____ |
| vraag 56 | ____ | | |
| vraag 61 | ____ | | |
| totaal | ____ | | |

Teneinde een goed overzicht te krijgen, noteer je hier eerst nog even de totaalscores van de subschalen.

1 rationaliteit. ____
2. negatief zelfbeeld. ____
3. faalangst. ____
4. behoefte aan goedkeuring ____
5 frustratietolerantie. ____
6. behoefte aan respect. ____
7. negatief beeld van anderen. ____
8. afhankelijkheid/machteloosheid. ____

Totaal subschalen: ____

De score op subschaal 1 geeft aan in welke mate je rationeel denkt. De som van de totaalscores van de subschalen 2 tot en met 8 geeft aan in welke mate je irrationeel denkt. Uiteraard weet je nog niet veel, als je alleen maar de eindscores voor de (sub)schalen hebt genoteerd. Geen nood: we geven hierna de gemiddelde scores van mannen en vrouwen op deze subschalen. Deze gemiddelden zijn berekend uit de scores die lezers van eerdere RET-boeken aan de auteur toestuurden. Behalve met deze gemiddelden, kun je de eigen scores ook nog vergelijken met de laagst en hoogst mogelijke scores op de subschalen.

| | *subschaal* | *gem. score man* | *gem. score vrouw* | *laag* | *hoog* |
|---|---|---|---|---|---|
| 1 | rationaliteit | 37,6 | 35,7 | 9 | 45 |
| 2 | negatief zelfbeeld | 15,0 | 18,7 | 9 | 45 |
| 3 | faalangst | 20,9 | 24,9 | 9 | 45 |
| 4 | behoefte aan goedkeuring | 16,0 | 18,3 | 7 | 35 |
| 5 | frustratietolerantie | 21,2 | 26,1 | 9 | 45 |
| 6 | behoefte aan respect | 26,0 | 29,3 | 9 | 45 |
| 7 | negatief beeld van anderen | 11,5 | 10,7 | 6 | 30 |
| 8 | afhankelijkheid/machteloosheid | 19,3 | 17,2 | 9 | 45 |
| | *Totaal subschalen 2-8* | | | 58 | 290 |

Wanneer je je scores op de RET-test in het begin van dit deel vergelijkt met deze gemiddelden en met de laagst mogelijke en de hoogst mogelijke scores uit deze tabel, kun je nagaan of je aan de hoge of lage kant zit op de verschillende onderdelen. Let erop dat een hoge score op subschaal 1 betekent dat je hoog scoort op rationaliteit. Een hoge score op de subschaal 2-8 betekent dat je hoog scoort op irrationaliteit.

Het is erg onwaarschijnlijk dat je een minimum of een maximum score haalt. En vaak is het ook helemaal niet nodig of gewenst dat je op alle onderdelen de hoogste of laagste score haalt. Het gaat hier alleen maar om een ruwe indicatie van je manier van denken. Een score die op een bepaalde subtest heel hoog of heel laag uitvalt, wil dus niet zeggen dat je 'slecht' of 'abnormaal' denkt in een bepaald opzicht. Van de andere kant, als je op een bepaald onderdeel erg 'irrationeel' scoort, dan zou dat een reden kunnen zijn om iets aan je manier van denken te veranderen.

*Voorbeeld*

*Stel dat je op de subtest 'behoefte aan goedkeuring' erg hoog scoort. Dat betekent dan dat je jezelf in dit opzicht kwetsbaarder maakt dan nodig is. Je zou er in zo'n geval goed aan doen om je manier van denken eens goed onder de loep te nemen en na te gaan of je in dit opzicht inderdaad de neiging hebt je afhankelijk van de goedkeuring van andere op te stellen. Blijkt dat inderdaad het geval te zijn (wat je kunt nagaan door zelf je gedrag in het verleden voor de geest te halen, of door anderen daarnaar te vragen), dan doe je er goed aan voor jezelf een werkplan op te stellen. Je zou je kunnen voornemen om juist die personen te gaan opzoeken bij wie je deze neiging tot een afhankelijke opstelling het sterkst heb. Neem je voor in aanwezigheid van deze personen altijd jezelf te blijven, ook al zou dat tot een conflict met deze personen leiden. Alleen op deze manier kun je leren omgaan met het idee dat mensen ook wel eens een hekel aan je kunnen hebben, en je zodoende vrij maken van de dwingende behoefte aan goedkeuring. Je kunt jezelf daarbij door middel van positieve* selftalk *helpen. 'Het is wel leuk als ze me allemaal aardig vinden, maar niet noodzakelijk. Ik kan heel goed mijn eigen koers bepalen.'*

NB

Als je op de subtest 'frustratietolerantie' hoog scoort, dan betekent dit dat je over een lage frustratietolerantie beschikt. In dat geval doe je er goed aan zo veel mogelijk moeilijke situaties op te zoeken. Ook de RET gaat ervan uit dat 'oefening kunst baart'.

Een derde mogelijkheid om de uitkomsten van je zelfonderzoek te interpreteren is je scores te vergelijken met die van iemand anders, bijvoorbeeld je partner of een collega die dit zelfonderzoek ook gedaan heeft. Een discussie over bepaalde onderdelen van elkaars denken kan heel verhelderend werken.

## Tot slot

De test die je hebt ingevuld, heeft niet de pretentie een volwaardig meetinstrument te zijn, waarvan betrouwbaarheid en validiteit zijn getoetst. Teneinde meer gegevens te krijgen over de test (bijvoorbeeld om deze eventueel bij te stellen) en om een nauwkeurigere norm te kunnen bepalen voor de verschillende subtests, zouden we het erg op prijs stellen indien je – volledig anoniem – je scores per subtests, plus enkele aanvullende persoonlijke gegevens over sekse, leeftijd en functie/beroep zou willen sturen naar het onderzoeks- en adviesbureau van de RET:

RET-instituut Zuid-Nederland
Floralaan West 191
5944 BK Eindhoven

Je kunt hiervoor de in dit boek gevoegde antwoordkaart gebruiken. Alle vragen staan per onderwerp gerangschikt. Je opmerkingen over dit boek en de test zijn uiteraard ook van harte welkom.

# Nawoord
# RET en analytische meditatie

Dit hele boek over de theorie van de RET en de toepassingen daarvan, gaat uit van de gedachte dat onze manier van denken bepalend is voor hoe we ons voelen. Met andere woorden: denken gaat vooraf aan voelen. Toen Ellis nog leefde, heb ik hem met enige regelmaat lastig gevallen met de vraag hoe hij zo zeker wist dat dat zo was. Zijn (soms ietwat) geïrriteerde antwoord luidde dan altijd 'dat dat nu eenmaal zo was, zo worden we geboren'. Wetenschappelijk gezien is zo'n antwoord natuurlijk maar weinig bevredigend, zeker als er aanwijzingen worden gevonden dat ons denken helemaal niet zo gemakkelijk te beïnvloeden is als we graag zouden willen. Denk bijvoorbeeld aan de min of meer hinderlijke dwanggedachten waarvan we allemaal wel eens last hebben: dat kan gaan van het tamelijk onschuldige tellen van het aantal stoeptegels tussen twee stappen, tot de werkelijk helse geestelijke mallemolen van iemand die lijdt aan chronische achterdocht, of aan bijvoorbeeld een niet te beheersen jaloezie. Mensen die last hebben van dwangmatig denken weten in de regel heel erg goed dat ze ongezond bezig zijn, maar ze zijn op geen enkele manier in staat hun ondermijnende gedachten een halt toe te roepen.
Daarbij komt ook nog eens het feit dat recent onderzoek laat zien dat we vaak onbewust zaken waarnemen en daardoor onbewust keuzes maken, waarbij het gecontroleerde, bewuste denken eigenlijk achter de feiten aanholt. Ellis leeft niet meer, dus ik kan hem met deze onderzoekgegevens niet langer lastig vallen. Maar het is wel een vraagstuk dat me al die tijd heeft beziggehouden: in hoeverre zijn we als mens eigenlijk in staat om onze gedachten onder controle te houden?

Enige jaren geleden attendeerde een collega mij erop dat niemand minder dan de Dalai Lama in zijn boeken vaak verwees naar de huidige cognitieve gedragstherapie, waartoe ik de RET nog steeds reken. Volgens diezelfde Dalai Lama, zo begreep ik, bestaan er grote overeenkomsten tussen het klassieke analytische boeddhisme en de CGT. Nou sta ik al sinds jaar en dag bekend als een nuchtere, directieve en confronterende psycholoog, die weinig of niets heeft met alles wat te maken heeft met 'spiritualiteit'. Een erg breed begrip, waarmee ik voor mezelf allerlei zweverig, onwetenschappelijk, geitenwollensokkengedoe reken. Maar in dit geval werd ik toch nieuwsgierig en ben ik in de literatuur van de Dalai Lama gedoken. Om een lang verhaal kort te maken: ik trof in zijn boeken geen zweverig gezwam aan over allerlei geesten en spoken, rituelen en rariteiten, maar een strakke denklogica. Een logica die mij in staat heeft gesteld tot de conclusie te komen dat het inderdaad mogelijk is om met een bepaalde manier van denken je gevoel diepgaand te beïnvloeden. Aangezien die 'ontdekking' voor mij heel belangrijk is geweest, heb ik gemeend er goed aan te doen de beoefenaars van de RET op dit gedachtengoed te wijzen. Vandaar dit nawoord.

## Twee vormen van meditatie

In het klassieke Mahayana boeddhisme wordt een onderscheid gemaakt tussen twee verschillende, maar onderling nauw met elkaar samenhangende manieren van meditatie: de zogenoemde analytische meditatie en de concentratiemeditatie, ook wel 'kalm-verwijlenmeditatie' genoemd. Om met de laatste vorm te beginnen: de kalm-verwijlenmeditatie is veruit de bekendste vorm en de vorm die het meest geassocieerd wordt met het verschijnsel mediteren: met gekruiste knieën op de grond zitten, staren in de vlam van een kaars, of in het niets, rustgevende muziek op de achtergrond en 'je hoofd leeg maken'. In feite dus een veredelde vorm van een ontspanningsoefening, en daar is op zich natuurlijk niets op tegen. Veel technieken die tegenwoordig erg populair zijn – denk aan de vele mindfulnesscursussen – zijn daarvan een afgeleide.

Waar het volgens de Dalai Lama veel meer om gaat, is de eerste vorm van meditatie, de analytische. Analytische meditatie is een vorm van meditatie waarbij je je geest richt op de verrichtingen van de geest: denken over het denken dus. Volgens het klassieke boeddhisme is de mens de enige diersoort die daartoe in staat is: *zelfreflectie*. Concreet betekent dit dat je je, inderdaad in de klassieke meditatiehouding, met een rechte rug, en waarbij je knieën bij voorkeur contact maken met de grond, af gaat vragen waar bepaalde gedachten en gevoelens vandaan komen. Uitgangspunt bij deze benadering is de gedachte, of liever *het gegeven*, dat in onze wereld alles met alles samenhangt en van elkaar afhankelijk is. Dus gedachten en gevoelens ontstaan nooit 'zomaar', ze hebben allemaal een oorzaak. Waar het om gaat, is de oorzaak van bepaalde gedachten en gevoelens te ontrafelen. Dat staat hier nu heel gemakkelijk en eenvoudig, maar dat is het niet. Het betekent in de praktijk dat je jezelf moet leren om een zekere beschouwelijke afstand tot al je gedachten en gevoelens te nemen. En dat is kennelijk iets waartoe mensen (van nature?) niet zo tot geneigd zijn. Als iemand ons hindert, beledigt, of anderszins kwetst, dan rammen we er in de regel maar het liefst meteen verbaal of zelfs non-verbaal op los. Lekker makkelijk en bovendien ook nog een teken van de in het westen zo gekoesterde assertiviteit.

## Ons 'ik'

Vanuit het boeddhisme gezien ligt dat allemaal een stuk complexer. Ook boeddhisten worden gekwetst, vernederd en gehinderd in hun bewegingsvrijheid (de overheersing van Tibet door China), maar zij vragen zich in de eerste plaats af: *wie of wat is eigenlijk de persoon die zich gekwetst voelt?* Bij de analytische meditatie gaat het vooral om de vraag: wie of wat is dat 'ik' van ons, dat 'ik' dat zich bij tijden zo ongelukkig, angstig of depressief voelt. Is dat 'ik' iets wat helemaal los van alles, als een vaste entiteit be-

staat? Want zo voelt het vaak wel, dat 'ik' van ons. *Ik* heb pijn, *ik* heb verdriet, *ik* ben bang, jaloers, onzeker of achterdochtig. De analytische vorm van meditatie is erop gericht om voor jezelf tot de conclusie te komen dat dat 'ik' helemaal niet zo vaststaand is als het lijkt. De Dalai Lama geeft ter uitleg vaak het voorbeeld van een auto. Bestaat een auto op zichzelf? Nee dus, want een auto bestaat alleen maar bij de gratie van vier wielen, een carrosserie, een stuur en een heleboel draadwerk. En bij de gratie van robot- en handwerk. Zonder al die onderdelen, zonder al die fabricagewerkzaamheden, bestaat die auto niet.
Volgens het klassiek boeddhisme is het met ons 'ik' net zo gesteld: ook dat 'ik' bestaat bij de gratie van de onderdelen, in dit geval onze geest en ons lichaam. Geest en lichaam zorgen er samen voor dat we een gewaarwording van ons 'ik' krijgen. Zonder geest en lichaam dus geen 'ik'-besef. Dat wat wij 'ik' noemen, is in feite niet meer dat een creatie van onze geest. Als we dus inzicht krijgen in de manier waarop onze geest ons 'ik', onze beleving van onszelf, creëert, dan krijgen we ook vat op onze gevoelens. Want als we eenmaal weten welke 'constructiefouten' onze geest bij het creëren van ons 'ik' heeft gemaakt, dan kunnen we die teniet doen, door een nieuwe ik-structuur, een nieuwe manier van denken te hanteren. De overeenkomst, of analogie met de RET wordt in deze gedachtegang heel duidelijk zichtbaar: je kunt irrationele gedachten opvatten als constructiefouten. Het grote *verschil* tussen de RET en het boeddhisme is dat in de laatste stroming het 'ik' veel minder absoluut gezien wordt. Ellis is altijd een geweest met een sterk 'ego'. Een man die voor niets en voor niemand uit de weg ging en erg overtuigd was van zichzelf. En dus ook een man die zich totaal niet bezighield met de vraag waar dat 'ik'-besef eigenlijk vandaan kwam, laat staan dat hij zich afvroeg of er op wetenschappelijke en logische gronden eigenlijk wel sprake kan zijn van een ik-besef.

Boeddhisten gaan daarin veel verder: op logische gronden tonen ze aan dat zo'n vaststaand, letterlijk *zelfstandig* ik helemaal niet *kan* bestaan, en in feite niet veel meer is dan een illusie.

Ik weet het, ik loop nu het risico op meewarige reacties van mensen die zullen verzuchten dat Verhulst ten slotte kennelijk toch de mist in is gegaan. Ik neem dat risico en ga in het kort proberen uit te leggen waarom ons 'ik' inderdaad geen bestaansrecht heeft, en op zuiver logische gronden ook niet kan bestaan. Ook al lijkt onze dagelijkse ervaring het tegendeel te bewijzen. En natuurlijk zal ik verderop uitleggen wat het nut is van dergelijke inzichten en waarom ik van mening ben dat ze een zeer waardevolle toevoeging kunnen zijn aan de praktijk van de RET. Want boeddhisme is beslist meer dan een *mindgame*. Het is zelfs de enige manier om de hele wereld, en alles wat daarin gebeurt, op een allesomvattende manier te begrijpen. Wie dat zei? Niemand minder dan Albert Einstein, dus we bevinden ons in goed gezelschap.

## De afhankelijkheid van ons 'ik'

Ik zei dat datgene wat wij ons 'ik' plegen te noemen, dat wij als 'mij', onze 'persoonlijkheid', onze 'identiteit' beschouwen, in wezen niet veel meer is dan een creatie van onze eigen geest. Ons eigen 'ik', is een creatie van onze manier van denken, en aangezien de *inhoud* van ons denken zo veranderlijk is als wat (door wat we dagelijks meemaken, door opvoeding, door cultuur), is logischerwijs dat wat wij als 'ik', onze 'persoonlijkheid' ervaren, ook enorm veranderlijk. Het is feitelijk op geen enkel moment precies hetzelfde, altijd is er wel een bepaalde nuance, een bepaald gevoel, een bepaalde gedachte, nèt even anders dan het moment daarvoor. We staan daar alleen niet bij stil, omdat we anders natuurlijk het spoor bijster zouden raken en binnen de kortste keren volledig dol zouden draaien. Boeddhisten spreken daarom ook van twee 'werkelijkheden'. De ene is onze gewone dagelijkse werkelijkheid waarin we niet zo diep doordenken over van alles en nog wat, laat staan over de veranderlijkheid en afhankelijkheid van ons eigen ik. In die 'gewone', dagelijkse of: *conventionele* werkelijkheid zijn we gewoon wie we zijn en is de ander wie we denken dat hij altijd voor ons is geweest. Ga maar voor jezelf na, hoe weinig je rekening houdt met het feit dat mensen voortdurend veranderen: we plaatsen ze liever in hokjes waar we ze maar met de grootste tegenzin laten uitkomen. In de sociale psychologie noemen we dat 'persoonsconstantie'. Een mooie benaming voor een in wezen volstrekt verkeerde manier van denken. De andere, diepere of: *ultieme* werkelijkheid is veel complexer. Als je de wereld vanuit dat diepere besef bekijkt, dan realiseer je je constant dat alles afhangt van alles, dat niets op eigen kracht bestaat: huizen, tafels auto's, en ja, zelfs ego's zijn allemaal afhankelijk van de onderdelen waaruit ze bestaan. En die onderdelen zijn op hun beurt weer afhankelijk van hun samenstellende delen enzovoort. Als je de wereld op die manier bekijkt, ben je je er voortdurend van bewust dat al je gevoelens en je gedachten het product zijn van allerlei oorzaken en gevolgen, die vervolgens ook weer afhankelijk zijn van allerlei oorzaken en gevolgen en ga zo maar door.

## De voordelen van deze manier van denken

Het grote voordeel van deze manier van denken is dat je gaat *relativeren*. Als je erin geslaagd bent je geest te trainen om zo relativerend te denken, dan laat je je niet meer zo snel meeslepen door allerlei heftige gedachten en emoties. Je gaat veel meer oog krijgen voor de verbanden tussen gebeurtenissen, voor de verbanden tussen oorzaken en hun gevolgen, waardoor je ook veel beter acties zult kunnen

ondernemen om bepaalde oorzaken (van negatieve emoties bijvoorbeeld) te neutraliseren. Het is deze manier van denken de achtergrond vormt voor de boeddhistische spreuk: 'wantrouw elke gedachte, wantrouw elk gevoel'.
Een ander voordeel van deze manier van denken is dat je je gaandeweg steeds *bewuster* wordt van de manier waarop je denkt. Door je voortdurend af te vragen waar je gedachten – en je gevoelens – vandaan komen, krijg je steeds beter in de gaten op welke manier, door welke factoren de inhoud van je denken bepaald worden. Zoals gezegd spelen opvoeding, ervaringen en cultuur daarbij een grote rol. Maar dat wil nog niet zeggen dat je niets aan je denken zou kunnen veranderen. Mensen kunnen zich bewust worden van de werking van hun eigen geest en op die manier hun geest leren zien als een *tool*, een werktuig, dat ze door training onder hun eigen controle kunnen krijgen. In feite gaat het hierbij dus om de realisatie van een soort dubbel bewustzijn: bewust denken over je denken. Aandacht hebben voor je denken, wat in wezen de kern vormt van de mindfulnessbeweging van tegenwoordig.

Is het gemakkelijk je deze manier van denken, deze vorm van bewustzijn, bij te brengen? Helaas niet. Ook de Dalai Lama zelf geeft toe dat het hem de grootste moeite kost zijn zelfbeheersing te bewaren als hij weer eens berichten uit Tibet ontvangt over zelfverbrandingen en verwoestingen van Boeddhistische heiligdommen door de Chinezen. Hij blijft daarom benadrukken dat het enige middel om jezelf zover te brengen dat je afstand kunt nemen tot allerlei verstorende gedachten en emoties, de analytische vorm van meditatie is. Elke dag, minimaal tweemaal twintig minuten de tijd nemen om rustig te gaan zitten en na te denken over je denken.
Betekent dit nu dat de RET als middel om je gedachten bij te sturen waardeloos is? Zeer zeker niet. Voor mezelf vat ik

de RET op als een zeer pragmatische methode om de meest in het oog lopende irrationele ideeën op te sporen, om ze vervolgens te vervangen door meer rationele alternatieven. De analytische meditatie gaat echter nog een stuk verder: met behulp van die methode krijg je zicht op, en inzicht in het ontstaan van de irrationele gedachten en ga je meer en meer beseffen hoe relatief ze in wezen zijn. Dat geeft op de duur rust, omdat je je realiseert hoe vluchtig welke gedachte, welk gevoel dan ook is.
Voor de praktijk betekent dit bijvoorbeeld dat als iemand je iets aandoet, waardoor je een bloedhekel aan hem krijgt, je een pas op de plaats moet leren maken, en voor de aardigheid eens moet kijken naar de veranderlijkheid van je emoties: al na een half uur zul je merken dat je gevoelens ten opzichte van die persoon veranderd zijn. Je woede is niet meer exact hetzelfde, je bent al wat genuanceerder geworden, je kijkt letterlijk en figuurlijk al wat anders tegen de zaken aan. En als je nog langer wacht, zul je in je hoofd de ruimte, de afstand krijgen om je te gaan afvragen of die rotstreek eigenlijk wel tegen jou persoonlijk bedoeld is geweest, om misschien alleen maar voortgekomen is uit onwetendheid van die persoon, of veroorzaakt werd door zijn vermoeidheid.

Rijst natuurlijk de vraag waarom, als het analytisch mediteren zo zinvol is, niet de hele wereld zich daarmee bezighoudt. Hoewel steeds meer mensen, vooral de laatste tijd in het westen, zich 'bekeren' tot de een of andere vorm van boeddhisme, lijken heel veel mensen toch ook een bepaalde weerstand te hebben om naar en in zichzelf te kijken. Dit probleem is uiteraard niet nieuw, we hebben het immers over de doodgewone introspectie, of de introspectieve gerichtheid. Daarvan is al jaren bekend dat dat voor veel mensen niet hun meest geliefde hobby is. Kennelijk is het voor veel mensen bedreigend om in zichzelf te kijken,

om de verrichtingen van hun eigen geest onder de loep te nemen. Ik denk dat die bedreiging voortkomt uit een – overigens irrationele – angst een deel van hun 'ik' te moeten verliezen. Mensen hebben kennelijk nogal snel het idee dat ze zichzelf verloochenen als ze hun eigen manier van denken kritisch gaan bekijken. Het maakt ze bang, omdat ze hun houvast denken te verliezen.
De kracht van het klassieke boeddhisme is nu juist gelegen in het besef dat je er alleen maar een beter, prettiger levend mens van wordt, als je inziet, dat dat wat jij je je leven lang als je 'rotsvaste ik' hebt beschouwd, in wezen niet meer is dan een vluchtige, steeds veranderende constructie van je eigen geest. Dit betekent uiteraard *niet* dat we geen van allen een persoonlijkheid zouden hebben, of dat elk 'ik-gevoel' misplaatst is. Elk moment van de dag voelen we daar namelijk de aanwezigheid van. Het enige wat het boeddhisme ons duidelijk wil maken is de veranderlijkheid en de relativiteit ervan. Het besef van die vluchtigheid kan een heleboel lucht geven. Ik spreek uit ervaring.

Het is niet mijn bedoeling in dit nawoord een volledig overzicht te geven van de boeddhistische leer. Veel belangrijke andere begrippen en inzichten heb ik hier onbesproken gelaten. Ik heb me beperkt tot die elementen ervan die een in mijn ogen zeer nuttige aanvulling kunnen vormen op de theorie en de praktijk van de RET.